LES

PROVINCIALES.

TOME PREMIER.

B.ᵉ PASCAL.
S.ᵗ Aubin sculp.

LES
PROVINCIALES
ou
LETTRES
DE LOUIS DE MONTALTE
PAR B. PASCAL.

—

TOME PREMIER.

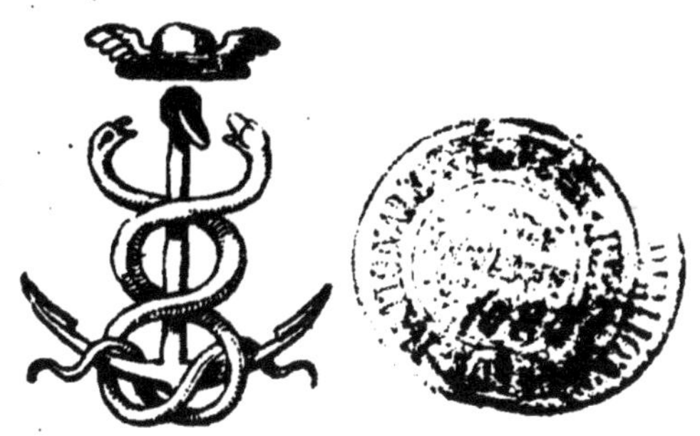

A PARIS
CHEZ ANT. AUGUSTIN RENOUARD.
XI. — 1803.

LETTRES ÉCRITES
A UN PROVINCIAL
PAR
UN DE SES AMIS.

PREMIERE LETTRE.

Des disputes de Sorbonne, et de l'invention du Pouvoir prochain, dont les molinistes se servirent pour faire conclure la censure de M. Arnauld.

De Paris, ce 23 janvier 1656.

MONSIEUR,

Nous étions bien abusés. Je ne suis détrompé que d'hier ; jusque - là j'ai pensé que le sujet des disputes de Sorbonne étoit bien important, et d'une extrême conséquence pour la religion. Tant d'assemblées d'une compagnie aussi célebre qu'est la Faculté de théologie de Paris,

et où il s'est passé tant de choses si extraordi-
náires et si hors d'exemple, en font concevoir
une si haute idée, qu'on ne peut croire qu'il
n'y en ait un sujet bien extraordinaire. Cependant vous serez bien surpris, quand vous ap-
prendrez par ce récit, à quoi se termine un si
grand éclat ; et c'est ce que je vous dirai en peu
de mots, après m'en être parfaitement instruit.

On examine deux questions ; l'une de fait, et
l'autre de droit.

Celle de fait consiste à savoir, si M. Arnauld
est téméraire, pour avoir dit dans sa seconde
lettre : « Qu'il a lu exactement le livre de Jan-
« senius, et qu'il n'y a point trouvé les propo-
« sitions condamnées par le feu pape ; et néan-
« moins, que comme il condamne ces propo-
« sitions en quelque lieu qu'elles se rencon-
« trent, il les condamne dans Jansenius, si
« elles y sont. »

La question sur cela est de savoir, s'il a pu
sans témérité témoigner par-là, qu'il doute que
ces propositions soient de Jansenius, après que
messieurs les évêques ont déclaré qu'elles sont
de lui.

On propose l'affaire en Sorbonne. Soixante
et onze docteurs entreprennent sa défense, et
soutiennent qu'il n'a pu répondre autre chose
à ceux qui par tant d'écrits lui demandoient,

s'il tenoit que ces propositions fussent dans ce livre, sinon qu'il ne les y a pas vues, et que néanmoins il les y condamne, si elles y sont.

Quelques-uns même passant plus avant ont déclaré que, quelque recherche qu'ils en aient faite, ils ne les y ont jamais trouvées, et que même ils y en ont trouvé de toutes contraires. Ils ont demandé ensuite avec instance, que s'il y avoit quelque docteur qui les y eût vues, il voulût les montrer; que c'étoit une chose si facile, qu'elle ne pouvoit être refusée, puisque c'étoit un moyen sûr de les réduire tous, et M. Arnauld même : mais on le leur a toujours refusé. Voilà ce qui s'est passé de ce côté-là.

De l'autre part se sont trouvés quatre-vingts docteurs séculiers, et quelque quarante religieux mendians, qui ont condamné la proposition de M. Arnauld, sans vouloir examiner, si ce qu'il avoit dit, étoit vrai ou faux; et ayant même déclaré, qu'il ne s'agissoit pas de la vérité, mais seulement de la témérité de sa proposition.

Il s'en est de plus trouvé quinze, qui n'ont point été pour la censure, et qu'on appelle indifférens.

Voilà comment s'est terminée la question de fait, dont je ne me mets guere en peine : car, que M. Arnauld soit téméraire, ou non, ma conscience n'y est pas intéressée. Et si la curiosité me prenoit de savoir, si ces propositions sont dans Jansenius, son livre n'est pas si rare, ni si gros, que je ne le puisse lire tout entier pour m'en éclaircir, sans en consulter la Sorbonne.

Mais si je ne craignois aussi d'être téméraire, je crois que je suivrois l'avis de la plupart des gens que je vois, qui, ayant cru jusqu'ici sur la foi publique, que ces propositions sont dans Jansenius, commencent à se défier du contraire, par le refus bizarre qu'on fait de les montrer, qui est tel que je n'ai encore vu personne qui m'ait dit les y avoir vues. De sorte que je crains que cette censure ne fasse plus de mal que de bien, et qu'elle ne donne à ceux qui en sauront l'histoire, une impression toute opposée à la conclusion. Car en vérité le monde devient méfiant, et ne croit les choses que quand il les voit. Mais, comme j'ai déja dit, ce point là est peu important, puisqu'il ne s'y agit point de la foi.

Pour la question de droit, elle semble bien plus considérable, en ce qu'elle touche la foi. Aussi j'ai pris un soin particulier de m'en informer. Mais vous serez bien satisfait de voir que c'est une chose aussi peu importante que la premiere.

Il s'agit d'examiner ce que M. Arnauld a dit dans la même lettre : « Que la grace sans la-« quelle on ne peut rien, a manqué à S. Pierre « dans sa chûte. » Sur quoi nous pensions vous et moi, qu'il étoit question d'examiner les plus grands principes de la grace, comme, si elle n'est pas donnée à tous les hommes, ou bien si elle est efficace ; mais nous étions bien trom-pés. Je suis devenu grand théologien en peu de temps, et vous en allez voir des marques.

Pour savoir la chose au vrai, je vis monsieur N. docteur de Navarre, qui demeure près de chez moi, qui est, comme vous le savez, des plus zélés contre les jansénistes : et comme ma curiosité me rendoit presque aussi ardent que lui, je lui demandai, s'ils ne décideroient pas formellement, « que la grace est donnée à « tous, » afin qu'on n'agitât plus ce doute. Mais il me rebuta rudement, et me dit que ce n'étoit pas là le point, qu'il y en avoit de ceux de son côté qui tenoient que la grace n'est pas donnée à tous ; que les examinateurs mêmes avoient dit en pleine Sorbonne, que cette opi-nion est *problématique* : et qu'il étoit lui-mê-me dans ce sentiment ; ce qu'il me confirma par ce passage qu'il dit être célebre de S. Au-gustin : « Nous savons que la grace n'est pas « donnée à tous les hommes. »

Je lui fis excuse d'avoir mal pris son senti-ment, et le priai de me dire s'ils ne condamne-roient donc pas au moins cette autre opinion des jansénistes qui fait tant de bruit, « que la « grace est efficace, et qu'elle détermine no-« tre volonté à faire le bien. » Mais je ne fus pas plus heureux en cette seconde question. Vous n'y entendez rien, me dit-il, ce n'est pas là une hérésie : c'est une opinion orthodoxe : tous les thomistes la tiennent ; et moi - même je l'ai soutenue dans ma Sorbonique.

Je n'osai lui proposer mes doutes ; et même je ne savois plus où étoit la difficulté ; quand, pour m'en éclaircir, je le suppliai de me dire en quoi consistoit donc l'hérésie de la proposi-tion de M. Arnauld. C'est, me dit - il, en ce qu'il ne reconnoît pas que les justes aient le pou-voir d'accomplir les commandemens de Dieu en la maniere que nous l'entendons.

Je le quittai après cette instruction, et bien glorieux de savoir le nœud de l'affaire, je fus trouver monsieur N. qui se porte de mieux en mieux, et qui eut assez de santé pour me con-duire chez son beau-frere, qui est janséniste, s'il y en eut jamais, et pourtant fort bon-hom-me. Pour en être mieux reçu, je feignis d'être fort des siens, et lui dis : Seroit-il bien pos-sible que la Sorbonne introduisît dans l'église

cette erreur, « que tous les justes ont toujours
« le pouvoir d'accomplir les commandemens? »
Comment parlez-vous, me dit mon docteur?
appellez-vous erreur un sentiment si catholique, et que les seuls luthériens et calvinistes
combattent? Et quoi, lui dis-je, n'est-ce pas
votre opinion? Non, me dit-il, nous l'anathé-
matisons comme hérétique et impie. Surpris de
cette réponse, je connus bien que j'avois trop
fait le janséniste, comme j'avois l'autre fois
été trop moliniste. Mais ne pouvant m'assurer
de sa réponse, je le priai de me dire confidem-
ment s'il tenoit, « que les justes eussent tou-
« jours un pouvoir véritable d'observer les pré-
« ceptes. » Mon homme s'échauffa là-dessus,
mais d'un zèle dévot, et dit, qu'il ne déguise-
roit jamais ses sentimens pour quoi que ce fût;
que c'étoit sa créance ; et que lui et tous les
siens la défendroient jusqu'à la mort, et comme
étant la pure doctrine de S. Thomas et de S.
Augustin leur maître.

Il m'en parla si sérieusement, que je n'en
pus douter. Et sur cette assurance je retournai
chez mon premier docteur, et lui dis bien satisfait, que j'étois sûr que la paix seroit bientôt en Sorbonne : que les jansénistes étoient
d'accord du pouvoir qu'ont les justes d'accomplir les préceptes : que j'en étois garant, et

que je leur ferois signer de leur sang. Tout
beau, me dit-il, il faut être théologien pour
en voir le fin. La différence qui est entre nous
est si subtile, qu'à peine pouvons-nous la marquer nous-mêmes; vous auriez trop de difficulté à l'entendre. Contentez-vous donc de savoir, que les jansénistes vous diront bien,
que tous les justes ont toujours le pouvoir d'accomplir les commandemens : ce n'est pas de
quoi nous disputons : mais ils ne vous diront
pas, que ce pouvoir soit *prochain.* C'est là le
point.

Ce mot me fut nouveau et inconnu. Jusque-
là j'avois entendu les affaires, mais ce terme
me jetta dans l'obscurité, et je crois qu'il n'a-
voit été inventé que pour brouiller. Je lui en
demandai donc l'explication, mais il m'en fit
un mystere, et me renvoya sans autre satisfaction, pour demander aux jansénistes, s'ils
admettoient ce pouvoir *prochain.* Je chargeai
ma mémoire de ce terme; car mon intelligence
n'y avoit aucune part. Et de peur de l'oublier,
je fus promptement retrouver mon janséniste,
à qui je dis incontinent après les premieres ci-
vilités : Dites-moi, je vous prie, si vous admettez *le pouvoir prochain ?* Il se mit à rire, et
me dit froidement : Dites-moi vous-même, en
quel sens vous l'entendez; et alors je vous di-

rai ce que j'en crois. Comme ma connoissance n'alloit pas jusque-là, je me vis en terme de ne lui pouvoir répondre ; et néanmoins pour ne pas rendre ma visite inutile, je lui dis au hazard : Je l'entends au sens des molinistes. A quoi mon homme sans s'émouvoir : Auxquels des molinistes, me dit-il, me renvoyez-vous ? Je les lui offris tous ensemble, comme ne faisant qu'un même corps, et n'agissant que par un même esprit.

Mais il me dit : Vous êtes bien peu instruit. Ils sont si peu dans les mêmes sentimens, qu'ils en ont de tout contraires. Étant tout unis dans le dessein de perdre M. Arnauld, ils se sont avisés de s'accorder de ce terme de *prochain*, que les uns et les autres diroient ensemble, quoiqu'ils l'entendissent diversement ; afin de parler un même langage, et que par cette conformité apparente ils pussent former un corps considérable, et composer un plus grand nombre, pour l'opprimer avec assurance.

Cette réponse m'étonna. Mais sans recevoir ces impressions des méchans desseins des molinistes, que je ne veux pas croire sur sa parole, et où je n'ai point d'intérêt, je m'attachai seulement à savoir les divers sens qu'ils donnent à ce mot mystérieux de *prochain*. Il me dit : Je vous en éclaircirois de bon cœur ;

1.

mais vous y verriez une répugnance et une contradiction si grossiere, que vous auriez peine à me croire. Je vous serois suspect. Vous en serez plus sûr en l'apprenant d'eux-mêmes, et je vous en donnerai les adresses. Vous n'avez qu'à voir séparément un nommé M. le Moine, et le pere Nicolaï. Je ne connois ni l'un ni l'autre, lui dis-je. Voyez donc, me dit-il, si vous ne connoîtrez point quelqu'un de ceux que je vous vas nommer ; car ils suivent les sentimens de M. le Moine. J'en connus en effet quelques-uns. Et ensuite il me dit : Voyez si vous ne connoissez point de dominicains, qu'on appelle nouveaux thomistes ; car ils sont tous comme le pere Nicolaï. J'en connus aussi entre ceux qu'il me nomma ; et résolu de profiter de cet avis, et de sortir d'affaire, je le quittai, et allai d'abord chez un des disciples de M. le Moine.

Je le suppliai de me dire ce que c'étoit qu'*avoir le pouvoir prochain de faire quelque chose.* Cela est aisé, me dit-il, c'est avoir tout ce qui est nécessaire pour la faire, de telle sorte qu'il ne manque rien pour agir. Et ainsi, lui dis-je, avoir le *pouvoir prochain* de passer une riviere, c'est avoir un bateau, des bateliers, des rames et le reste, en sorte que rien ne manque. Fort bien, me dit-il. Et avoir le pouvoir prochain *de voir,* lui dis-je, c'est avoir bonne vue, et être en plein jour. Car qui auroit bonne vue dans l'obscurité, n'auroit pas le pouvoir prochain de voir, selon vous ; puisque la lumiere lui manqueroit, sans quoi on ne voit point. Doctement, me dit-il. Et par conséquent, continuai-je, quand vous dites que tous les justes ont toujours le pouvoir prochain d'observer les commandemens, vous entendez qu'ils ont toujours toute la grace nécessaire pour les accomplir ; en sorte qu'il ne leur manque rien de la part de Dieu. Attendez, me dit-il, ils ont toujours tout ce qui est nécessaire pour les observer, ou du moins pour le demander à Dieu. J'entends bien, lui dis-je, ils ont tout ce qui est nécessaire pour prier Dieu de les assister, sans qu'il soit nécessaire qu'ils aient aucune nouvelle grace de Dieu pour prier. Vous l'entendez, me dit-il. Mais il n'est donc pas nécessaire qu'ils aient une grace efficace pour prier Dieu ? Non, me dit-il, suivant M. le Moine.

Pour ne point perdre de temps, j'allai aux jacobins, et demandai ceux que je savois être des nouveaux thomistes. Je les priai de me dire ce que c'est que *pouvoir prochain.* N'est-ce pas celui, leur dis-je, auquel il ne manque rien pour agir ? Non, me dirent-ils. Mais quoi,

mon pere, s'il manque quelque chose à ce pouvoir, l'appellez-vous *prochain*, et direz-vous,
par exemple, qu'un homme ait, la nuit et sans
aucune lumiere, *le pouvoir prochain de voir?*
Oui-dà, il l'auroit selon nous, s'il n'est pas
aveugle. Je le veux bien, leur dis-je; mais M.
le Moine l'entend d'une maniere contraire. Il
est vrai, me dirent-ils, mais nous l'entendons
ainsi. J'y consens, leur dis-je. Car je ne dispute jamais du nom, pourvu qu'on m'avertisse
du sens qu'on lui donne. Mais je vois par-là que
quand vous dites, que les justes ont toujours
le pouvoir prochain pour prier Dieu, vous entendez qu'ils ont besoin d'un autre secours
pour prier, sans quoi ils ne prieront jamais.
Voilà qui va bien, me répondirent mes peres,
en m'embrassant, voilà qui va bien : car il leur
faut de plus une grace efficace qui n'est pas
donnée à tous, et qui détermine leur volonté
à prier : et c'est une hérésie de nier la nécessité de cette grace efficace pour prier.

Voilà qui va bien, leur dis-je à mon tour;
mais selon vous les jansénistes sont catholiques, et M. le Moine hérétique : car les jansénistes disent, que les justes ont le pouvoir
de prier, mais qu'il faut pourtant une grace efficace, et c'est ce que vous approuvez. Et M.
le Moine dit, que les justes prient sans grace

efficace , et c'est ce que vous condamnez. Oui, dirent-ils ; mais M. le Moine appelle ce pouvoir, *pouvoir prochain*.

Quoi ! mes peres, leur dis-je, c'est se jouer des paroles , de dire, que vous êtes d'accord à cause des termes communs dont vous usez , quand vous êtes contraires dans le sens. Mes peres ne répõndirent rien ; et sur cela mon disciple de M. le Moine arriva par un bonheur, que je croyois extraordinaire ; mais j'ai su depuis, que leur rencontre n'est pas rare, qu'ils sont continuellement mêlés les uns avec les autres.

Je dis donc à mon disciple de M. le Moine : Je connois un homme qui dit que tous les justes ont toujours le pouvoir de prier Dieu , mais que néanmoins ils ne prieront jamais sans une grace efficace qui les détermine , et laquelle Dieu ne donne pas toujours à tous les justes. Est-il hérétique ? Attendez, me dit mon docteur, vous me pourriez surprendre. Allons doucement, *distinguo;* s'il appelle ce pouvoir, *pouvoir prochain ,* il sera thomiste et partant catholique : sinon il sera janséniste, et partant hérétique. Il ne l'appelle , lui dis-je , ni prochain , ni non prochain. Il est donc hérétique , me dit-il : demandez-le à ces bons peres. Je ne les pris pas pour juges ; car ils consentoient déja d'un mouvement de tête ; mais je leur dis : Il refuse d'admettre ce mot de *prochain*, parce qu'on ne le veut pas expliquer. A cela un de ces peres voulut en apporter sa définition ; mais il fut interrompu par le disciple de M. le Moine, qui lui dit : Voulez-vous donc recommencer nos brouilleries ? Ne sommes-nous pas demeurés d'accord de ne point expliquer ce mot de *prochain*, et de le dire de part et d'autre, sans dire ce qu'il signifie ? A quoi le jacobin consentit.

Je pénétrai par-là dans leur dessein, et leur dis en me levant pour les quitter : En vérité, mes peres, j'ai grand peur que tout ceci ne soit une pure chicanerie ; et quoi qu'il arrive de vos assemblées, j'ose vous prédire que, quand la censure seroit faite, la paix ne seroit pas établie. Car, quand on auroit décidé qu'il faut prononcer les syllabes *pro chain* ; qui ne voit que, n'ayant point été expliquées, chacun de vous voudra jouir de la victoire ! Les jacobins diront que ce mot s'entend en leur sens. M. le Moine dira que c'est au sien ; et ainsi il y aura bien plus de disputes pour l'expliquer, que pour l'introduire : car, après tout, il n'y auroit pas grand péril à le recevoir sans aucun sens, puisqu'il ne peut nuire que par le sens. Mais ce seroit une chose indigne de la Sorbonne et de la théologie , d'user de mots équivoques et captieux sans les expliquer. Enfin , mes peres , dites-moi, je vous prie , pour la derniere fois , ce qu'il faut que je croie pour être catholique ? Il faut , me dirent-ils tous ensemble, dire que tous les justes ont le *pouvoir prochain* , en faisant abstraction de tout sens : *abstrahendo a sensu thomistarum, et a sensu aliorum theologorum.*

C'est-à-dire , leur dis-je en les quittant, qu'il faut prononcer ce mot des levres, de peur d'être hérétique de nom. Car est-ce que le mot est de l'écriture ? Non , me dirent-ils. Est-il donc des peres , ou des conciles , ou des papes ? Non. Est-il donc de S. Thomas ? Non. Quelle nécessité y a-t-il donc de le dire , puisqu'il n'a ni autorité, ni aucun sens de lui-même ? Vous êtes opiniâtre, me dirent-ils : vous le direz , ou vous serez hérétique, et M. Arnauld aussi , car nous sommes le plus grand nombre : et s'il est besoin , nous ferons venir tant de cordeliers , que nous l'emporterons.

Je les viens de quitter sur cette derniere raison , pour vous écrire ce récit , par où vous voyez qu'il ne s'agit d'aucun des points suivans , et qu'ils ne sont condamnés de part ni d'autre. 1. « Que la grace n'est pas donnée à « tous les hommes. 2. Que tous les justes ont

« le pouvoir d'accomplir les commandemens de
« Dieu. 3. Qu'ils ont néanmoins besoin pour les
« accomplir , et même pour prier , d'une grace
« efficace qui détermine leur volonté. 4. Que
« cette grace efficace n'est pas toujours donnée
« à tous les justes , et qu'elle dépend de la pure
« miséricorde de Dieu. » De sorte qu'il n'y a
plus que le mot de *prochain* sans aucun sens
qui court risque.

Heureux les peuples qui l'ignorent ! heureux
ceux qui ont précédé sa naissance ! car je n'y
vois plus de remede, si messieurs de l'Académie
ne bannissent par un coup d'autorité ce mot
barbare de Sorbonne , qui cause tant de divi-
sions. Sans cela la censure paroît assurée : mais
je vois qu'elle ne fera point d'autre mal que de
rendre la Sorbonne ₁ moins considérable par ce
procédé , qui lui ôtera l'autorité qui lui est si
nécessaire en d'autres rencontres.

Je vous laisse cependant dans la liberté de
tenir pour le mot *prochain* , ou non ; car je vous
aime trop pour vous persécuter sous ce prétexte. Si ce récit ne vous déplaît pas , je continue-
rai de vous avertir de tout ce qui se passera. Je
suis , etc.

₁ L'édition de 1657 porte MÉPRISABLE, expression
plus juste , et qu'on n'aura osé laisser subsister.

SECONDE LETTRE

DE LA GRACE SUFFISANTE.

De Paris, ce 29 janvier 1656.

Monsieur,

Comme je fermois la lettre que je vous ai écrite, je fus visité par monsieur N. notre ancien ami, le plus heureusement du monde pour ma curiosité; car il est très informé des questions du temps, et il sait parfaitement le secret des jésuites, chez qui il est à toute heure, et avec les principaux. Après avoir parlé de ce qui l'amenoit chez moi, je le priai de me dire en un mot quels sont les points débattus entre les deux partis.

Il me satisfit sur l'heure, et me dit qu'il y en avoit deux principaux : le premier, touchant *le pouvoir prochain*; le second, touchant *la grace suffisante*. Je vous ai éclairci du premier par la précédente : je vous parlerai du second dans celle-ci.

Je sus donc, en un mot, que leur différend, touchant *la grace suffisante*, est en ce que les jésuites prétendent qu'il y a une grace donnée généralement à tous les hommes, soumise de telle sorte au libre arbitre, qu'il la rend efficace ou inefficace à son choix, sans aucun nouveau secours de Dieu, et sans qu'il manque rien de sa part pour agir effectivement : ce qui fait qu'ils l'appellent *suffisante*, parce qu'elle seule suffit pour agir. Et que les jansénistes, au contraire, veulent qu'il n'y ait aucune grace actuellement suffisante, qui ne soit aussi efficace, c'est-à-dire que toutes celles qui ne déterminent point la volonté à agir effectivement, sont insuffisantes pour agir, parce qu'ils disent qu'on n'agit jamais sans *grace efficace*. Voilà leur différend.

Et m'informant après de la doctrine des nouveaux thomistes : Elle est bizarre, me dit-il ; ils sont d'accord avec les jésuites, d'admettre *une grace suffisante* donnée à tous les hommes ; mais ils veulent néanmoins que les hommes n'agissent jamais avec cette seule grace, et qu'il faille, pour les faire agir, que Dieu leur donne *une grace efficace* qui détermine réellement leur volonté à l'action, et laquelle Dieu ne donne pas à tous. De sorte que, suivant cette doctrine, lui dis-je, cette grace est *suffisante* sans l'être. Justement, me dit-il ; car si elle suffit, il n'en faut pas davantage pour agir ; et si elle ne suffit pas, elle n'est pas *suffisante*.

Mais, lui dis-je, quelle différence y a-t-il donc entre eux et les jansénistes? Ils diffèrent, me dit-il, en ce qu'au moins les dominicains ont cela de bon, qu'ils ne laissent pas de dire que tous les hommes ont *la grace suffisante*. J'entends bien, répondis-je ; mais ils le disent sans le penser, puisqu'ils ajoutent qu'il faut nécessairement, pour agir, avoir *une grace efficace, qui n'est pas donnée à tous :* ainsi, s'ils sont conformes aux jésuites par un terme qui n'a pas de sens, ils leur sont contraires et conformes aux jansénistes, dans la substance de la chose. Cela est vrai, dit-il. Comment donc, lui dis-je, les jésuites sont-ils unis avec eux, et que ne les combattent-ils aussi bien que les jansénistes, puisqu'ils auront toujours en eux de puissans adversaires, lesquels soutenant la nécessité de la grace efficace qui détermine, les empêcheront d'établir celle qu'ils veulent être seule suffisante?

Les dominicains sont trop puissans, me dit-il, et la société des jésuites est trop politique pour les choquer ouvertement. Elle se contente d'avoir gagné sur eux qu'ils admettent au moins le nom de *grace suffisante,* quoiqu'ils l'enten-

dent en un autre sens. Par-là elle a cet avantage, qu'elle fera passer leur opinion pour in-
soutenable, quand elle le jugera à propos, et
cela lui sera aisé. Car, supposé que tous les
hommes aient des graces suffisantes, il n'y a
rien de plus naturel que d'en conclure que la
grace efficace n'est donc pas nécessaire pour
agir, puisque la suffisance de ces graces géné-
rales excluroit la nécessité de toutes les autres.
Qui dit suffisant, marque tout ce qui est nécessaire pour agir, et il serviroit de peu aux
dominicains de s'écrier qu'ils donnent un autre
sens au mot de *suffisant :* le peuple, accoutumé à l'intelligence commune de ce terme, n'é-
couteroit pas seulement leur explication. Ainsi, la société profite assez de cette expression
que les dominicains reçoivent, sans les pousser davantage; et si vous aviez la connoissance des choses qui se sont passées sous les
papes Clément VIII et Paul V, et combien la
société fut traversée dans l'établissement de la
grace suffisante, par les dominicains, vous ne
vous étonneriez pas de voir qu'elle ne se brouille pas avec eux, et qu'elle consent qu'ils gardent leur opinion, pourvu que la sienne soit
libre, et principalement quand les dominicains
la favorisent par le nom de *grace suffisante,*
dont ils ont consenti de se servir publiquement.

Elle est bien satisfaite de leur complaisance. Elle n'exige pas qu'ils nient la nécessité de la grace efficace ; ce seroit trop les presser : il ne faut pas tyranniser ses amis ; les jésuites ont assez gagné. Car le monde se paie de paroles : peu approfondissent les choses : et ainsi le nom de *grace suffisante* étant reçu des deux côtés, quoiqu'avec divers sens, il n'y a personne, hors les plus fins théologiens, qui ne pense que la chose que ce mot signifie, soit tenue aussi bien par les jacobins que par les jésuites, et la suite fera voir que ces derniers ne sont pas les plus dupes.

Je lui avouai que c'étoient d'habiles gens : et pour profiter de son avis, je m'en allai droit aux jacobins, où je trouvai à la porte un de mes bons amis, grand janséniste, car j'en ai de tous les partis, qui demandoit quelqu'autre pere que celui que je cherchois. Mais je l'engageai à m'accompagner à force de prieres, et demandai un de mes nouveaux thomistes. Il fut ravi de me revoir : Et bien, mon pere, lui dis-je, ce n'est pas assez que tous les hommes aient un *pouvoir prochain*, par lequel pourtant ils n'agissent en effet jamais, il faut qu'ils aient encore une *grace suffisante*, avec laquelle ils agissent aussi peu. N'est-ce pas là l'opinion de votre école ? Oui, dit le bon pere ; et je l'ai bien dit ce matin en Sorbonne. J'y ai parlé toute ma demi-heure, et sans le *sable* j'eusse bien fait changer ce malheureux proverbe qui court déja dans Paris : « Il opine du bonnet com-« me un moine en Sorbonne. » Et que voulez-vous dire par votre demi-heure et par votre sable, lui répondis-je ; taille-t-on vos avis à une certaine mesure ? Oui, me dit-il, depuis quelques jours. Et vous oblige-t-on de parler demi-heure ! Non. On parle aussi peu qu'on veut. Mais non pas tant que l'on veut, lui dis-je. O la bonne regle pour les ignorans ! O l'honnête prétexte pour ceux qui n'ont rien de bon à dire ! Mais enfin, mon pere, cette grace donnée à tous les hommes est *suffisante ?* Oui, dit-il. Et néanmoins elle n'a nul effet *sans grace efficace ?* Cela est vrai, dit-il. Et tous les hommes ont *la suffisante,* continuai-je, et tous n'ont pas l'*efficace ?* Il est vrai, dit-il. C'est-à-dire, lui dis-je, que tous ont assez de grace, et que tous n'en ont pas assez : c'est-à-dire que cette grace suffit, quoiqu'elle ne suffise pas : c'est-à-dire qu'elle est suffisante de nom et insuffisante en effet. En bonne foi, mon pere, cette doctrine est bien subtile. Avez-vous oublié en quittant le monde, ce que le mot de *suffisant* y signifie : ne vous souvient-il pas qu'il enferme tout ce qui est nécessaire pour agir ? Mais vous n'en avez pas perdu la mémoire : car pour me servir d'une comparaison qui vous sera plus sensible , si l'on ne vous servoit à table que deux onces de pain et un verre d'eau par jour, seriez-vous content de votre prieur, qui vous diroit que cela seroit suffisant pour vous nourrir , sous prétexte, qu'avec autre chose qu'il ne vous donneroit pas , vous auriez tout ce qui vous seroit nécessaire pour vous nourrir? Comment donc vous laissez - vous aller à dire que tous les hommes ont *la grace suffisante* pour agir, puisque vous confessez qu'il y en a une autre absolument nécessaire pour agir, que tous n'ont pas? Est-ce que cette créance est peu importante, et que vous abandonnez à la liberté des hommes, de croire que la grace efficace est nécessaire ou non? Est-ce une chose indifférente de dire qu'avec la grace suffisante on agit en effet? Comment, dit ce bon - homme, indifférente! C'est *une hérésie*, c'est *une hérésie* formelle. La nécessité de *la grace effi-cace* pour agir effectivement, est *de foi ;* il y a *hérésie* à la nier.

Où en sommes-nous donc, m'écriai - je, et quel parti dois - je ici prendre? Si je nie la grace suffisante, je suis janséniste. Si je l'admets comme les jésuites, ensorte que la grace efficace ne soit pas nécessaire, je serai *héréti-*

que, dites-vous. Et si je l'admets comme vous, ensorte que la grace efficace soit nécesaire, je peche contre le sens commun, et je suis *extravagant*, disent les jésuites. Que dois-je donc faire dans cette nécessité inévitable, d'être ou extravagant, ou hérétique, ou janséniste? Et en quels termes sommes-nous réduits, s'il n'y a que les jansénistes qui ne se brouillent ni avec la foi, ni avec la raison, et qui se sauvent tout ensemble de la folie et de l'erreur?

Mon ami janséniste prenoit ce discours à bon présage, et me croyoit déja gagné. Il ne me dit rien néanmoins; mais en s'adressant à ce pere : Dites-moi, je vous prie, mon pere, en quoi vous êtes conformes aux jésuites? C'est, dit-il, en ce que les jésuites et nous reconnoissons les *graces suffisantes* données à tous. Mais, lui dit-il, il y a deux choses dans ce mot de *grace suffisante* : il y a le son qui n'est que du vent, et la chose qu'il signifie, qui est réelle et effective. Et ainsi, quand vous êtes d'accord avec les jésuites touchant le mot *de suffisante,* et que vous leur êtes contraires dans le sens, il est visible que vous êtes contraires touchant la substance de ce terme, et que vous n'êtes d'accord que du son. Est-ce là agir sincèrement et cordialement? Mais quoi, dit le bon-homme, de quoi vous plaignez-vous, puisque nous ne trahissons personne par cette maniere de parler? Car dans nos écoles nous disons ouvertement, que nous l'entendons d'une maniere contraire aux jésuites. Je me plains, lui dit mon ami, de ce que vous ne publiez pas de toutes parts, que vous entendez par grace suffisante, la grace qui n'est pas suffisante. Vous êtes obligés en conscience, en changeant ainsi le sens des termes ordinaires de la religion, de dire que quand vous admettez une *grace suffisante* dans tous les hommes, vous entendez qu'ils n'ont pas des graces suffisantes en effet. Tout ce qu'il y a de personnes au monde entendent le mot de *suffisant* en un même sens : les seuls nouveaux thomistes l'entendent en un autre. Toutes les femmes, qui font la moitié du monde, tous les gens de la cour, tous les gens de guerre, tous les magistrats, tous les gens de palais, les marchands, les artisans, tout le peuple; enfin toutes sortes d'hommes, excepté les dominicains, entendent par le mot *de suffisant* ce qui enferme tout le nécessaire. Presque personne n'est averti de cette singularité. On dit seulement par toute la terre, que les jacobins tiennent que tous les hommes ont des *graces suffisantes*. Que peut-on conclure de là, sinon qu'ils tiennent que tous les hommes ont toutes les graces qui sont nécessaires pour agir, et principalement en les voyant joints d'intérêt et d'intrigue avec les jésuites qui l'entendent de cette sorte? L'uniformité de vos expressions jointe à cette union de parti, n'est-elle pas une interprétation manifeste, et une confirmation de l'uniformité de vos sentimens?

Tous les fideles demandent aux théologiens quel est le véritable état de la nature depuis sa corruption? Saint Augustin et ses disciples répondent qu'elle n'a plus de grace suffisante, qu'autant qu'il plaît à Dieu de lui en donner. Les jésuites sont venus ensuite, et disent que tous ont des graces effectivement suffisantes. On consulte les dominicains sur cette contrariété. Que font-ils là-dessus? Ils s'unissent aux jésuites : ils font par cette union le plus grand nombre : ils se séparent de ceux qui nient ces graces suffisantes : ils déclarent que tous les hommes en ont. Que peut-on penser de là, sinon qu'ils autorisent les jésuites? Et puis ils ajoutent que néanmoins ces graces suffisantes sont inutiles sans les efficaces, qui ne sont pas données à tous.

Voulez-vous voir une peinture de l'église dans ces différens avis? Je la considere comme un homme qui, partant de son pays pour faire un voyage, est rencontré par des voleurs, qui le blessent de plusieurs coups et le laissent à demi mort. Il envoie querir trois médecins dans les villes voisines. Le premier ayant sondé les plaies, les juge mortelles, et lui déclare qu'il n'y a que Dieu qui lui puisse rendre ses forces perdues. Le second arrivant ensuite, voulant le flatter, lui dit qu'il avoit encore des forces suffisantes pour arriver en sa maison, et insultant contre le premier, qui s'opposoit à son avis, forma le dessein de le perdre. Le malade en cet état douteux, appercevant de loin le troisieme, lui tend les mains, comme à celui qui le devoit déterminer. Celui-ci ayant considéré ses blessures, et su l'avis des deux premiers, embrasse le second, s'unit à lui, et tous deux ensemble se liguent contre le premier, et le chassent honteusement, car ils étoient plus forts en nombre. Le malade juge à ce procédé qu'il est de l'avis du second ; et le lui demandant en effet, il lui déclare affirmativement que ses forces sont suffisantes pour faire son voyage. Le blessé néanmoins ressentant sa foiblesse, lui demande à quoi il les jugeoit telles ? C'est, lui dit-il, parce que vous avez encore vos jambes ; or les jambes sont les organes qui suffisent naturellement pour marcher. Mais, lui dit le malade, ai-je toute la force nécessaire pour m'en servir ; car il me semble qu'elles sont inutiles dans ma langueur? Non certainement, dit le médecin, et vous ne marcherez jamais effectivement, si Dieu ne vous envoie un secours extraordinaire pour vous soutenir et vous conduire. Et quoi, dit le malade, je n'ai donc pas en moi les forces suffisantes, et auxquelles il ne manque rien pour marcher effectivement? Vous en êtes bien éloigné, lui dit-il. Vous êtes donc, dit le blessé, d'avis contraire à votre compagnon touchant mon véritable état? Je vous l'avoue, lui répondit-il.

Que pensez-vous que dit le malade? Il se plaignit du procédé bizarre, et des termes ambigus de ce troisieme médecin. Il le blâma de s'être uni au second, à qui il étoit contraire de sentiment, et avec lequel il n'avoit qu'une conformité apparente ; et d'avoir chassé le premier, auquel il étoit conforme en effet. Et après avoir fait essai de ses forces, et reconnu par expérience la vérité de sa foiblesse, il les renvoya tous deux : et rappellant le premier, se mit entre ses mains, et suivant son conseil il demanda à Dieu les forces qu'il confessoit n'avoir pas ; il en reçut miséricorde, et par son secours arriva heureusement dans sa maison.

Le bon pere étonné d'une telle parabole ne répondoit rien. Et je lui dis doucement pour le rasssurer : Mais, après tout, mon pere, à quoi avez vous pensé de donner le nom de suffisante à une grace que vous dites qu'il est de foi de croire qu'elle est insuffisante en effet? Vous en parlez, dit-il, bien à votre aise. Vous êtes libre et particulier ; je suis religieux, et en communauté. N'en savez-vous pas peser la différence ? Nous dépendons des supérieurs : ils dépendent d'ailleurs. Ils ont promis nos suffrages : que voulez-vous que je devienne? Nous l'entendîmes à demi mot, et cela nous fit souvenir de son confrere, qui a été relegué à Abbeville pour un sujet semblable.

Mais, lui dis-je, pourquoi votre communauté s'est-elle engagée à admettre cette grace? C'est un autre discours, me dit-il. Tout ce que je vous puis dire en un mot, est que notre ordre a soutenu autant qu'il a pu la doctrine de S. Thomas touchant la grace efficace. Combien s'est il opposé ardemment à la naissance de la doctrine de Molina? Combien a-t-il travaillé pour l'établissement de la nécessité de la grace efficace de Jésus-Christ? Ignorez-vous ce qui se fit sous Clément VIII et Paul V, et que la mort prévenant l'un, et quelques affaires d'Italie empêchant l'autre de publier sa bulle, nos armes sont demeurées au Vatican? Mais les jésuites, qui dès le commencement de l'hérésie de Luther et de Calvin s'étoient prévalus du peu de lumiere qu'a le peuple pour en discerner l'erreur d'avec la vérité de la doctrine de S. Thomas, avoient en peu de temps répandu part-tout leur doctrine avec un tel progrès, qu'on les vit bientôt maîtres de la créance des peuples : et nous en état d'être décriés comme des calvinistes et traités comme les jansénistes le sont aujourd'hui, si nous ne tempérions la vérité de la grace efficace par l'aveu, au moins apparent, d'une *suffisante*. Dans cette extrémité, que pouvions-nous mieux faire pour sauver la vérité sans perdre notre crédit, sinon d'admettre le nom de grace suffisante, en niant qu'elle soit telle en effet? Voilà comment la chose est arrivée.

Il nous dit cela si tristement, qu'il me fit pitié; mais non pas à mon second, qui lui dit: Ne vous flattez point d'avoir sauvé la vérité : si elle n'avoit point eu d'autres protecteurs, elle seroit périe en des mains si foibles. Vous avez reçu dans l'église le nom de son ennemi : c'est y avoir reçu l'ennemi même. Les noms sont inséparables des choses. Si le mot de grace *suffisante* est une fois affermi, vous aurez beau dire que vous entendez par-là une grace qui est insuffisante, vous n'y serez pas reçus. Votre explication seroit odieuse dans le monde:

on y parle plus sincèrement des choses moins importantes : les jésuites triompheront : ce sera leur grace suffisante en effet, et non pas la vôtre qui ne l'est que de nom, qui passera pour établie ; et on fera un article de foi du contraire de votre créance.

Nous souffririons tous le martyre, lui dit le pere, plutôt que de consentir à l'établissement de *la grace suffisante au sens des jésuites*. S. Thomas, que nous jurons de suivre jusqu'à la mort, y étant directement contraire. A quoi mon ami plus sérieux que moi, lui dit : Allez, mon pere, votre ordre a reçu un honneur qu'il ménage mal. Il abandonne cette grace qui lui avoit été confiée, et qui n'a jamais été abandonnée depuis la création du monde. Cette grace victorieuse qui a été attendue par les patriarches, prédite par les prophêtes, apportée par Jésus-Christ, prêchée par S. Paul, expliquée par S. Augustin le plus grand des peres, embrassée par ceux qui l'ont suivi, confirmée par S. Bernard le dernier des peres, soutenue par S. Thomas l'ange de l'école, transmise de lui à votre ordre, maintenue par tant de vos peres, et si glorieusement défendue par vos religieux sous les papes Clément et Paul : cette grace efficace, qui avoit été mise comme en dépôt entre vos mains, pour avoir dans un saint

ordre à jamais durable, des prédicateurs qui
la publiassent au monde jusqu'à la fin des
temps, se trouve comme délaissée par des intérêts si indignes. Il est temps que d'autres
mains s'arment pour sa querelle. Il est temps
que Dieu suscite des disciples intrépides au
docteur de la grace, qui ignorant les engage-
mens du siecle, servent Dieu pour Dieu. La
grace peut bien n'avoir plus les dominicains
pour défenseurs ; mais elle ne manquera jamais de défenseurs : car elle les forme elle-même par sa force toute-puissante. Elle demande
des cœurs purs et dégagés ; et elle-même les
purifie, et les dégage des intérêts du monde,
incompatibles avec les vérités de l'évangile.
Pensez-y bien, mon pere, et prenez garde que
Dieu ne change ce flambeau de sa place, et
qu'il ne vous laisse dans les ténebres, et sans
couronne, pour punir la froideur que vous avez
pour une cause si importante à son église.

Il en eût bien dit davantage ; car il s'échauf-
foit de plus en plus. Mais je l'interrompis, et
dis en me levant : En vérité, mon pere, si j'a-
vois du crédit en France, je ferois publier à
son de trompe : «ON FAIT A SAVOIR, que quand
« les jacobins disent que la grace suffisante est
« donnée à tous, ils entendent, que tous n'ont
« pas la grace qui suffit effectivement. » Après

qnoi vous le diriez tant qu'il vous plairoit, mais non pas autrement. Ainsi finit notre visite.

Vous voyez donc par-là, que c'est ici une *suffisance* politique, pareille au *pouvoir prochain*. Cependant, je vous dirai qu'il me semble, qu'on peut sans péril douter du *pouvoir prochain*, et de cette grace *suffisante*, pourvu qu'on ne soit pas jacobin.

En fermant ma lettre, je viens d'apprendre que la censure est faite. Mais comme je ne sais pas encore en quels termes, et qu'elle ne sera publiée que le 15 février, je ne vous en parlerai que par le premier ordinaire. Je suis, etc.

RÉPONSE

DU PROVINCIAL AUX DEUX PREMIERES LETTRES
DE SON AMI.

Du 2 février 1656.

MONSIEUR,

Vos deux lettres n'ont pas été pour moi seul. Tout le monde les voit ; tout le monde les entend ; tout le monde les croit. Elles ne sont pas seulement estimées par les théologiens : elles sont encore agréables aux gens du monde, et intelligibles aux femmes mêmes.

Voici ce que m'en écrit un de MM. de l'Académie, des plus illustres entre ces hommes tous illustres, qui n'avoit encore vu que la première. « Je voudrois que la Sorbonne qui doit « tant à la mémoire de feu M. le cardinal, « voulût reconnoître la jurisdiction de son Aca- « démie françoise. L'auteur de la lettre seroit « content ; car en qualité d'académicien, je « condamnerois d'autorité, je bannirois, je « proscrirois, peu s'en faut que je ne die,

« j'exterminerois de tout mon pouvoir, ce pou-
« voir prochain, qui fait tant de bruit pour
« rien, et sans savoir autrement ce qu'il de-
« mande. Le mal est que notre pouvoir acadé-
« mique est un pouvoir fort éloigné et borné.
« J'en suis marri : et je le suis encore beau-
« coup, de ce que tout mon petit pouvoir ne
« sauroit m'acquitter envers vous, etc. »

Et voici ce qu'une personne, que je ne vous
marquerai en aucune sorte, en écrit à une dame
qui lui avoit fait tenir la première de vos lettres.

« Je vous suis plus obligée que vous ne pou-
« vez vous l'imaginer de la lettre que vous m'a-
« vez envoyée : elle est tout-à-fait ingénieuse,
« et tout-à-fait bien écrite. Elle narre, sans
« narrer : elle éclaircit les affaires du monde
« les plus embrouillées ; elle raille finement :
« elle instruit même ceux qui ne savent pas
« bien les choses : elle redouble le plaisir de
« ceux qui les entendent. Elle est encore une
« excellente apologie, et si l'on veut, une dé-
« licate et innocente censure. Et il y a enfin
« tant d'art, tant d'esprit, et tant de jugement
« en cette lettre, que je voudrois bien savoir
« qui l'a faite, etc. »

Vous voudriez bien aussi savoir qui est la
personne qui en écrit de la sorte, mais contentez-vous de l'honorer sans la connoître, et

quand vous la connoîtrez vous l'honorerez bien davantage.

Continuez donc vos lettres sur ma parole, et que la censure vienne quand il lui plaira : nous sommes fort bien disposés à la recevoir. Ces mots de *pouvoir prochain* et de *grace suffisante*, dont on nous menace, ne nous feront plus de peur. Nous avons trop appris des jésuites, des jacobins, et de M. le Moine, en combien de façons on les tourne, et combien il y a peu de solidité en ces mots nouveaux, pour nous en mettre en peine. Cependant je serai toujours, etc.

TROISIEME LETTRE

Pour servir de réponse à la précédente.

INJUSTICE, ABSURDITÉ ET NULLITÉ DE LA CENSURE DE M. ARNAULD.

De Paris, ce 9 février 1656.

MONSIEUR,

Je viens de recevoir votre lettre, et en même temps l'on m'a apporté une copie manuscrite de la censure. Je me suis trouvé aussi bien traité dans l'une, que M. Arnauld l'est mal dans l'autre. Je crains qu'il n'y ait de l'excès des deux côtés, et que nous ne soyons pas assez connus de nos juges. Je m'assure que si nous l'étions davantage, M. Arnauld mériteroit l'approbation de la Sorbonne, et moi la censure de l'Académie. Ainsi nos intérêts sont tout contraires. Il doit se faire connoître pour défendre son innocence ; au lieu que je dois demeurer dans l'obscurité pour ne pas perdre ma réputation. De sorte que ne pouvant paroître, je vous remets le soin de m'acquitter envers mes célebres approbateurs , et je prends celui de vous informer des nouvelles de la censure.

Je vous avoue, monsieur, qu'elle m'a extrêmement surpris. J'y pensois voir condamner les plus horribles hérésies du monde ; mais vous admirerez comme moi , que tant d'éclatantes préparations se soient anéanties sur le point de produire un si grand effet.

Pour l'entendre avec plaisir , ressouvenez-vous , je vous prie , des étranges impressions qn'on nous donne depuis si long-temps des jansénistes. Rappellez dans votre mémoire les cabales, les factions, les erreurs, les schismes, les attentats qu'on leur reproche depuis si long-temps ; de quelle sorte on les a décriés et noircis dans les chaires et dans les livres ; et combien ce torrent qui a eu tant de violence et de durée, étoit grossi dans ces dernieres années, où on les accusoit ouvertement et publiquement d'être non-seulement hérétiques et schismatiques , mais apostats et infideles : « de nier « le mystere de la transubstantiation , et de « renoncer à JÉSUS-CHRIST et à l'évangile. »

Ensuite de tant d'accusations si surprenantes [1] , on a pris le dessein d'examiner leurs li-

___

[1] Édit. de 1657. SI ATROCES.

vres pour en faire le jugement. On a choisi la
seconde lettre de M. Arnauld, qu'on disoit être
remplie des plus grandes 1 erreurs. On lui donne pour examinateurs ses plus déclarés ennemis. Ils emploient toute leur étude à rechercher
ce qu'ils y pourroient reprendre; et ils en rap-
portent une proposition touchant la doctrine,
qu'ils exposent à la censure.

Que pouvoit-on penser de tout ce procédé,
sinon que cette proposition choisie avec des
circonstances si remarquables, contenoit l'es-
sence des plus noires hérésies qui se puissent
imaginer? Cependant elle est telle, qu'on n'a-
voit rien qui ne soit si clairement et si formellement exprimé dans les passages des peres que
M. Arnauld a rapportés en cet endroit, que je
n'ai vu personne qui en pût comprendre la différence. On s'imaginoit néanmoins qu'il y en
avoit beaucoup; puisque les passages des peres
étant sans doute catholiques, il falloit que la
proposition de M. Arnauld y fût extrêmement 2
contraire pour être hérétique.

C'étoit de la Sorbonne qu'on attendoit cet
éclaircissement. Toute la chrétienté avoit les
yeux ouverts pour voir dans la censure de ces

1 Édit. de 1657. DÉTESTABLES.
2 Id. HORRIBLEMENT.

docteurs ce point imperceptible au commun des hommes. Cependant M. Arnauld fait ses apologies où il donne en plusieurs colonnes sa proposition, et les passages des peres d'où il l'a prise, pour en faire paroître la conformité aux moins clair-voyans.

Il fait voir que S. Augustin dit en un endroit qu'il cite : « Que Jesus-Christ nous montre un « juste en la personne de saint Pierre, qui « nous instruit par sa chûte de fuir la présomp- « tion » Il en rapporte un autre du même pere, qui dit : « Que Dieu, pour montrer que sans « la grace on ne peut rien, a laissé saint Pierre « sans grace. » Il en donne un autre de saint Chrysostome, qui dit : « Que la chûte de saint « Pierre n'arriva pas pour avoir été froid en- « vers Jésus-Christ, mais parce que la grace « lui manqua ; et qu'elle n'arriva pas tant par « sa négligence, que par l'abandon de Dieu, « pour apprendre à toute l'église, que sans « Dieu l'on ne peut rien. » Ensuite de quoi il rapporte sa proposition accusée, qui est celle-ci : « Les peres nous montrent un juste en la « personne de saint Pierre, à qui la grace sans « laquelle on ne peut rien, a manqué. »

C'est sur cela qu'on essaie en vain de remarquer comment il se peut faire que l'expression de M. Arnauld soit autant différente de celles des peres, que la vérité l'est de l'erreur , et la foi de l'hérésie. Car où en pourroit-on trouver la différence? Seroit-ce en ce qu'il dit : « Que « les peres nous montrent un juste en la per- « sonne de S. Pierre? » Mais S. Augustin l'a dit en mots propres. Est-ce en ce qu'il dit : « Que la grace lui a manqué? » Mais le même S. Augustin qui dit « que S. Pierre étoit juste » dit « qu'il n'avoit pas eu la grace en cette ren- « contre. » Est-ce en ce qu'il dit : « Que sans « la grace on ne peut rien? » Mais n'est-ce pas ce que saint Augustin dit au même endroit, et ce que saint Chrysostome même avoit dit avant lui , avec cette seule différence , qu'il l'exprime d'une maniere bien plus forte , comme en ce qu'il dit : « Que sa chûte n'arriva pas par sa « froideur , ni par sa négligence ; mais par le « défaut de la grace, et par l'abandon de Dieu. »

Toutes ces considérations tenoient tout le monde en haleine , pour apprendre en quoi consistoit donc cette diversité , lorsque cette censure si célebre et si attendue a enfin paru après tant d'assemblées. Mais hélas ! elle a bien frustré notre attente. Soit que les docteurs mo- linistes n'aient pas daigné s'abaisser jusqu'à nous en instruire, soit pour quelque autre rai- son secrette , ils n'ont fait autre chose que pro- noncer ces paroles : « Cette proposition est té-

« méraire, impie, blasphématoire, frappée
« d'anathême et hérétique. »

Croiriez-vous, monsieur, que la plupart des
gens se voyant trompés dans leur espérance,
sont entrés en mauvaise humeur, et s'en prennent aux censeurs mêmes? Ils tirent de leur
conduite des conséquences admirables pour l'innocence de M. Arnauld. Et quoi, disent-ils,
est-ce là tout ce qu'ont pu faire durant si long-
temps tant de docteurs si acharnés sur un seul,
que de ne trouver dans tous ses ouvrages que
trois lignes à reprendre, et qui sont tirées des
propres paroles des plus grands docteurs de l'é-
glise grecque et latine? Y a-t-il un auteur
qu'on veuille perdre, dont les écrits n'en donnent un plus spécieux prétexte? Et quelle plus
haute marque peut-on produire de la foi de cet
illustre accusé?

D'où vient, disent-ils, qu'on pousse tant
d'imprécations qui se trouvent dans cette censure, où l'on assemble tous ces termes « de
« poison, de peste, d'horreur, de témérité,
« d'impiété, de blasphême, d'abomination,
« d'exécration, d'anathême, d'hérésie, » qui
sont les plus horribles expressions qu'on pourroit former contre Arius, et contre l'Antechrist
même, pour combattre une hérésie imperceptible, et encore sans la découvrir? Si c'est con-

tre les paroles des peres qu'on agit de la sorte , où est la foi et la tradition ? Si c'est contre la proposition de M. Arnauld , qu'on nous montre en quoi elle en est différente , puisqu'il ne nous en paroît autre chose qu'une parfaite conformité? Quand nous en reconnoîtrons le mal , nous l'aurons en détestation : mais tant que nous ne le verrons point , et que nous n'y trouverons que les sentimens des saints peres conçus et exprimés en leurs propres termes, comment pourrions-nous l'avoir sinon en une sainte vénération ?

Voilà de quelle sorte ils s'emportent ; mais ce sont des gens trop pénétrans. Pour nous qui n'approfondissons pas tant les choses , tenons-nous en repos sur le tout. Voulons-nous être plus savans que nos maîtres ? N'entreprenons pas plus qu'eux. Nous nous égarerions dans cette recherche. Il ne faudroit rien pour rendre cette censure hérétique. La vérité est si délicate , que pour peu qu'on s'en retire, on tombe dans l'erreur : mais cette erreur est si déliée , que pour peu qu'on s'en éloigne , on se trouve dans la vérité. Il n'y a qu'un point imperceptible entre cette proposition et la foi. La distance en est si insensible , que j'ai eu peur en ne la voyant pas, de me rendre contraire aux docteurs de l'église , pour me rendre trop conforme aux docteurs de Sorbonne. Et dans cette crainte j'ai jugé nécessaire de consulter un de ceux qui par politique furent neutres dans la premiere question, pour apprendre de lui la chose véritablement. J'en ai donc vu un fort habile, que je priai de me vouloir marquer les circonstances de cette différence, parce que je lui confessai franchement que je n'y en voyois aucune.

A quoi il me répondit en riant, comme s'il eût pris plaisir à ma naïveté : Que vous êtes simple de croire qu'il y en ait! Et où pourroit-elle être? Vous imaginez-vous que si l'on en eût trouvé quelqu'une, on ne l'eût pas marquée hautement, et qu'on n'eût pas été ravi de l'exposer à la vue de tous les peuples dans l'esprit desquels on veut décrier M. Arnauld? Je reconnus bien à ce peu de mots, que tous ceux qui avoient été neutres dans la premiere question, ne l'eussent pas été dans la seconde. Je ne laissai pas néanmoins de vouloir ouir ses raisons, et de lui dire : Pourquoi donc ont-ils attaqué cette proposition? A quoi il me repartit : Ignorez-vous ces deux choses, que les moins instruits de ces affaires connoîssent; l'une, que M. Arnauld a toujours évité de dire rien qui ne fût puissamment fondé sur la tradition de l'église ; l'autre, que ses ennemis ont néanmoins résolu de l'en retrancher à quelque prix que ce soit ; et qu'ainsi les écrits de l'un ne donnant aucune prise aux desseins des autres, ils ont été contraints pour satisfaire leur passion, de prendre une proposition telle quelle, et de la condamner sans dire en quoi, ni pourquoi? Car ne savez-vous pas comment les jansénistes les tiennent en échec, et les pressent si furieusement, que la moindre parole qui leur échappe contre les principes des peres, on les voit incontinent accablés par des volumes entiers, où ils sont forcés de succomber? De sorte qu'après tant d'épreuves de leur foiblesse, ils ont jugé plus à propos, et plus facile de censurer que de repartir, parce qu'il leur est bien plus aisé de trouver des moines que des raisons.

Mais quoi, lui dis-je, la chose étant ainsi, leur censure est inutile : car quelle créance y aura-t-on en la voyant sans fondement, et ruinée par les réponses qu'on y fera? Si vous connoissiez l'esprit du peuple, me dit mon docteur, vous parleriez d'une autre sorte. Leur censure toute censurable qu'elle est, aura presque tout son effet pour un temps : et quoiqu'à force d'en montrer l'invalidité, il soit certain qu'on la fera entendre, il est aussi véritable que d'abord la plupart des esprits en seront aussi fortement frappés , que de la plus juste du monde. Pourvu qu'on crie dans les rues : « Voici la censure de M. Arnauld : voici la « condamnation des jansénistes , » les jésuites auront leur compte. Combien de ceux qui la liront qui l'entendent? Combien qui apperçoivent qu'elle ne satisfait point aux objections? Qui croyez-vous qui prenne les choses à cœur, et qui entreprenne de les examiner à fond? Voyez donc combien il y a d'utilité en cela pour les ennemis des jansénistes. Ils sont sûrs par-là de triompher , quoique d'un vain triomphe à leur ordinaire , au moins durant quelques mois : c'est beaucoup pour eux, ils chercheront ensuite quelque nouveau moyen de subsister. Ils vivent au jour la journée. C'est de cette sorte qu'ils se sont maintenus jusqu'à présent , tantôt par un catéchisme où un enfant condamne leurs adversaires ; tantôt par une procession où la grace suffisante mene l'efficace en triomphe ; tantôt par une comédie où les diables emportent Jansenius ; une autre fois par un almanach ; maintenant par cette censure.

En vérité , lui dis-je , je trouvois tantôt à redire au procédé des molinistes ; mais après ce que vous m'avez dit , j'admire leur prudence et leur politique. Je vois bien qu'ils ne pouvoient rien faire de plus judicieux ni de plus sûr. Vous l'entendez, me dit-il : leur plus sûr parti a toujours été de se taire. Et c'est ce qui a fait dire à un savant théologien : « Que les « plus habiles d'entre eux sont ceux qui in- « triguent beaucoup, qui parlent peu, et qui « n'écrivent point. »

C'est dans cet esprit que, dès le commencement des assemblées, ils avoient prudemment ordonné que, si M. Arnauld venoit en Sorbonne, ce ne fût que pour exposer simplement ce qu'il croyoit, et non pas pour y entrer en lice contre personne. Les examinateurs s'étant voulu un peu écarter de cette méthode, ils ne s'en sont pas bien trouvés. Ils se sont vus trop fortement ¹ réfutés par son second apologétique.

C'est dans ce même esprit qu'ils ont trouvé cette rare et toute nouvelle invention de la demi-heure et du sable. Ils se sont délivrés par-là de l'importunité de ces fâcheux docteurs, qui entreprenoient de réfuter toutes leurs raisons, de produire les livres pour les convaincre de fausseté, de les sommer de répondre, et de les réduire à ne pouvoir répliquer.

Ce n'est pas qu'ils n'aient bien vu que ce

¹ Édit. de 1657. VERTEMENT.

manquement de liberté qui avoit porté un si grand nombre de docteurs à se retirer des assemblées, ne feroit pas de bien à leur censure; et que l'acte de protestation de nullité qu'en avoit fait M. Arnauld, dès avant qu'elle fût conclue, seroit un mauvais préambule pour la faire recevoir favorablement. Ils croient assez que ceux qui ne sont pas préoccupés, considerent pour le moins autant le jugement de 70 docteurs qui n'avoient rien à gagner en défendant M. Arnauld, que celui d'une centaine d'autres qui n'avoient rien à perdre en le condamnant.

Mais après tout ils ont pensé que c'étoit tonjours beaucoup d'avoir une censure, quoiqu'elle ne soit que d'une partie de la Sorbonne, et non pas de tout le corps; quoiqu'elle soit faite avec peu ou point de liberté, et obtenue par beaucoup de menus moyens qui ne sont pas des plus réguliers; quoiqu'elle n'explique rien de ce qui pouvoit être en dispute; quoiqu'elle ne marque point en quoi consiste cette hérésie, et qu'on y parle peu, de crainte de se méprendre. Ce silence même est un mystere pour les simples; et la censure en tirera cet avantage singulier, que les plus critiques et les plus subtils théologiens n'y pourront trouver aucune mauvaise raison.

Mettez-vous donc l'esprit en repos, et ne craignez point d'être hérétique en vous servant de la proposition condamnée. Elle n'est mauvaise que dans la seconde lettre de M. Arnauld. Ne vous en voulez-vous pas fier à ma parole? Croyez-en M. le Moine le plus ardent des examinateurs, qui, en parlant encore ce matin à un docteur de mes amis, qui lui demandoit, en quoi consiste cette différence dont il s'agit, et s'il ne seroit plus permis de dire ce qu'ont dit les peres : « Cette proposition, lui a-t-il « excellemment répondu, seroit catholique « dans une autre bouche : ce n'est que dans « M. Arnauld que la Sorbonne l'a condam- « née. » Et ainsi admirez les machines du molinisme, qui font dans l'église de si prodigieux renversemens, que ce qui est catholique dans les peres, devient hérétique dans M. Arnauld : que ce qui étoit hérétique dans les semi-pelagiens, devient orthodoxe dans les écrits des jésuites : que la doctrine si ancienne de saint Augustin est une nouveauté insupportable ; et que les inventions nouvelles qu'on fabrique tous les jours à notre vue, passent pour l'ancienne foi de l'église. Sur cela il me quitta.

Cette instruction m'a servi. J'y ai compris que c'est ici une hérésie d'une nouvelle espece. Ce ne sont pas les sentimens de M. Arnauld

qui sont hérétiques; ce n'est que sa personne.
C'est une hérésie personnelle. Il n'est pas hérétique pour ce qu'il a dit ou écrit; mais seulement pour ce qu'il est M. Arnauld. C'est tout
ce qu'on trouve à redire en lui. Quoi qu'il fasse;
s'il ne cesse d'être, il ne sera jamais bon catholique. La grace de S. Augustin ne sera jamais la véritable tant qu'il la défendra. Elle le
deviendroit, s'il venoit à la combattre. Ce seroit un coup sûr, et presque le seul moyen de
l'établir, et de détruire le molinisme; tant il
porte de malheur aux opinions qu'il embrasse.

Laissons donc là leurs différends. Ce sont
des disputes de théologiens, et non pas de
théologie. Nous qui ne sommes point docteurs, n'avons que faire à leurs démêlés. Apprenez des nouvelles de la censure à tous nos
amis, et aimez-moi autant que je suis, etc.

QUATRIEME LETTRE.

DE LA GRACE ACTUELLE TOUJOURS PRÉSENTE,
ET DES PÉCHÉS D'IGNORANCE.

De Paris, ce 25 février 1656.

MONSIEUR,

Il n'est rien tel que les jésuites. J'ai bien vu des jacobins, des docteurs, et de toute sorte de gens, mais une pareille visite manquoit à mon instruction. Les autres ne font que les copier. Les choses valent toujours mieux dans leur source. J'en ai donc vu un des plus habiles, et j'y étois accompagné de mon fidele janséniste qui vint avec moi aux jacobins. Et comme je souhaitois particulièrement d'être éclairci sur le sujet d'un différend qu'ils ont avec les jansénistes, touchant ce qu'ils appellent la *grace actuelle*, je dis à ce bon pere que je lui serois fort obligé s'il vouloit m'en instruire; que je ne savois pas seulement ce que ce terme signifioit : je le priai donc de me l'expliquer. Très volontiers, me dit-il, car j'aime les gens curieux. En voici la définition. Nous appellons « grace actuelle une inspiration de « Dieu, par laquelle il nous fait connoître sa « volonté, et par laquelle il nous excite à la « vouloir accomplir. » Et en quoi, lui dis-je, êtes-vous en dispute avec les jansénistes sur ce sujet? C'est, me répondit-il, en ce que nous voulons que Dieu donne des graces actuelles à tous les hommes à chaque tentation, parce que nous soutenons que si l'on n'avoit pas à chaque tentation la grace actuelle, pour n'y point pécher, quelque péché que l'on commît, il ne pourroit jamais être imputé. Et les jansénistes disent, au contraire, que les péchés commis sans grace actuelle, ne laissent pas d'être imputés : mais ce sont des rêveurs. J'entrevoyois ce qu'il vouloit dire, mais pour le lui faire encore expliquer plus clairement, je lui dis : Mon pere, ce mot de *grace actuelle* me brouille; je n'y suis pas accoutumé : si vous aviez la bonté de me dire la même chose sans vous servir de ce terme, vous m'obligeriez infiniment. Oui, dit le pere, c'est-à-dire que vous voulez que je substitue la définition à la place du défini, cela ne change jamais le sens du discours; je le veux bien. Nous soutenons donc comme un principe indubitable, « qu'une ac- « tion ne peut être imputée à péché, si Dieu

« ne nous donne, avant que de le commettre,
« la connoissance du mal qui y est, et une ins-
« piration qui nous excite à l'éviter; » m'entendez-vous maintenant?

Étonné d'un tel discours, selon lequel tous
les péchés de surprise, et ceux qu'on fait dans
un entier oubli de Dieu, ne pourroient être
imputés, je me tournai vers mon janséniste,
et je connus bien, à sa façon, qu'il n'en croyoit
rien. Mais, comme il ne répondoit mot, je dis
à ce pere : Je voudrois, mon pere, que ce que
vous dites fût bien véritable, et que vous en
eussiez de bonnes preuves. En voulez-vous,
me dit-il aussi-tôt? Je m'en vas vous en four-
nir, et des meilleures; laissez-moi faire. Sur
cela il alla chercher ses livres. Et je dis cependant à mon ami : Y en a-t il quelqu'autre qui
parle comme celui-ci? Cela vous est-il si nouveau, me répondit-il? Faites état que jamais
les peres, les papes, les conciles, ni l'écriture,
ni aucun livre de piété, même dans ces derniers temps, n'ont parlé de cette sorte : mais
que pour des casuistes, et des nouveaux scholastiques, il vous en apportera un beau nombre. Mais quoi? lui dis-je, je me moque de
ces auteurs-là, s'ils sont contraires à la tradition. Vous avez raison, me dit-il. Et à ces
mots le bon pere arriva chargé de livres. Et

m'offrant le premier qu'il tenoit : Lisez, me dit-
il, la Somme des péchés du pere Bauny, que
voici, et de la cinquieme édition encore, pour
vous montrer que c'est un bon livre. C'est dommage, me dit tout bas mon janséniste, que
ce livre-là ait été condamné à Rome, et par les
évêques de France. Voyez, dit le pere, la page
906. Je lus donc, et je trouvai ces paroles :
« Pour pécher et se rendre coupable devant
« Dieu, il faut savoir que la chose qu'on veut
« faire ne vaut rien, ou au moins en douter,
« craindre ou bien juger que Dieu ne prend
« plaisir à l'action à laquelle on s'occupe, qu'il
« la défend, et nonobstant la faire, franchir le
« saut et passer outre. »

Voilà qui commence bien, lui dis-je. Voyez
cependant, me dit-il, ce que c'est que l'envie.
C'étoit sur cela que M. Hallier, avant qu'il fût
de nos amis, se moquoit du pere Bauny, et lui
appliquoit ces paroles : *Ecce qui tollit peccata
mundi :* « voilà celui qui ôte les péchés du mon-
« de. » Il est vrai, lui dis-je, que voilà une
rédemption nouvelle, selon le pere Bauny.

En voulez-vous, ajouta-t-il, une autorité
plus authentique? Voyez ce livre du pere Annat.
C'est le dernier qu'il a fait contre M. Arnauld;
lisez la page 34, où il y a une oreille, et voyez
les lignes que j'ai marquées avec du crayon :

elles sont toutes d'or. Je lus donc ces termes :
« Celui qui n'a aucune pensée de Dieu ni de
« ses péchés, ni aucune appréhension, c'est-
« à-dire, à ce qu'il me fit entendre, aucune
« connoissance de l'obligation d'exercer des
« actes d'amour de Dieu, ou de contrition, n'a
« aucune grace actuelle pour exercer ces actes ;
« mais il est vrai aussi qu'il ne fait aucun pé-
« ché en les omettant, et que, s'il est damné,
« ce ne sera pas en punition de cette omission.
Et quelques lignes plus bas : « Et on peut dire
« la même chose d'une coupable commission. »

Voyez-vous, me dit le pere, comment il parle
des péchés d'omission, et de ceux de commission? Car il n'oublie rien. Qu'en dites - vous?
O que cela me plaît, lui répondis-je ; que j'en
vois de belles conséquences ! Je perce déja dans
les suites : que de mysteres s'offrent à moi ! Je
vois, sans comparaison, plus de gens justifiés
par cette ignorance et cet oubli de Dieu, que
par la grace et les sacremens. Mais, mon pere,
ne me donnez - vous point une fausse joie ?
N'est-ce point ici quelque chose de semblable
à cette *suffisance* qui ne suffit pas ? J'appré-
hende furieusement le *distinguo* : j'y ai déja
été attrapé. Parlez - vous sincèrement? Comment ! dit le pere en s'échauffant : il n'en faut
pas railler. Il n'y a point ici d'équivoque. Je

n'en raille pas , lui dis - je ; mais c'est que je crains à force de desirer.

Voyez donc , me dit-il , pour vous en mieux assurer , les écrits de M. le Moine , qui l'a enseigné en pleine Sorbonne. Il l'a appris de nous, à la vérité , mais il l'a bien démêlé. O qu'il l'a fortement établi ! Il enseigne que, pour faire qu'une action *soit péché* , il faut que *toutes ces choses se passent dans l'ame.* Lisez et pesez chaque mot. Je lus donc en latin ce que vous verrez ici en françois. « 1. D'une part, Dieu « répand dans l'ame quelqu'amour qui la pen- « che vers la chose commandée ; et de l'autre « part , la concupiscence rebelle la sollicite au « contraire. 2. Dieu lui inspire la connoissance « de sa foiblesse. 3. Dieu lui inspire la con- « noissance du médecin qui la doit guérir. 4. « Dieu lui inspire le desir de sa guérison. 5. « Dieu lui inspire le desir de le prier et d'im- « plorer son secours. »

Et si toutes ces choses ne se passent dans l'ame , dit le jésuite , l'action n'est pas propre- ment péché , et ne peut être imputée , comme M. le Moine le dit en ce même endroit et dans toute la suite.

En voulez - vous encore d'autres autorités ? En voici ; mais toutes modernes, me dit douce- ment mon janséniste. Je le vois bien , dis-je ,

et en m'adressant à ce pere, je lui dis : O mon
pere, le grand bien que voici pour des gens de
ma connoissance; il faut que je vous les amene !
Peut - être n'en avez - vous guere vu qui aient
moins de péchés ; car ils ne pensent jamais à
Dieu; les vices ont prévenu leur raison : « Ils
« n'ont jamais connu ni leur infirmité, ni le
« médecin qui la peut guérir. Ils n'ont jamais
« pensé à desirer la santé de leur ame, et en-
« core moins à prier Dieu de la leur donner : »
de sorte qu'ils sont encore dans l'innocence du
baptême, selon M. le Moine. « Ils n'ont jamais
« eu de pensée d'aimer Dieu, ni d'être con-
« trits de leurs péchés, » de sorte que, selon
le pere Annat, ils n'ont commis aucun péché
par le défaut de charité et de pénitence : leur
vie est dans une recherche continuelle de toutes sortes de plaisirs, dont jamais le moindre
remords n'a interrompu le cours. Tous ces excès me faisoient croire leur perte assurée; mais,
mon pere, vous m'apprenez, que ces mêmes
excès rendent leur salut assuré. Beni soyez-
vous, mon pere, qui justifiez ainsi les gens.
Les autres apprennent à guérir les ames par des
austérités pénibles : mais vous montrez que
celles qu'on auroit cru le plus désespérément
malades, se portent bien. O la bonne voie pour
être heureux en ce monde et en l'autre ! j'a-

vois toujours pensé qu'on péchoit d'autant plus qu'on pensoit moins à Dieu. Mais à ce que je vois, quand on a pu gagner une fois sur soi de n'y plus penser du tout, toutes choses deviennent pures pour l'avenir. Point de ces pécheurs à demi, qui ont quelqu'amour pour la vertu. Ils seront tous damnés ces demi - pécheurs. Mais pour ces francs pécheurs, pécheurs endurcis, pécheurs sans mélange, pleins et achevés, l'enfer ne les tient pas. Ils ont trompé le diable à force de s'y abandonner.

Le bon pere, qui voyoit assez clairement la liaison de ces conséquences avec son principe, s'en échappa adroitement ; et sans se fâcher, ou par douceur, ou par prudence, il me dit seulement : Afin que vous entendiez comment nous sauvons ces inconvéniens, sachez que nous disons bien que ces impies, dont vous parlez, seroient sans péché s'ils n'avoient jamais eu de pensées de se convertir, ni de desirs de se donner à Dieu. Mais nous soutenons qu'ils en ont tous ; et que Dieu n'a jamais laissé pécher un homme sans lui donner auparavant la vue du mal qu'il va faire, et le desir ou d'éviter le péché, ou au moins d'implorer son assistance pour le pouvoir éviter : et il n'y a que les jansénistes qui disent le contraire.

Et quoi, mon pere, lui repartis-je ; est-celà l'hérésie des jansénistes, de nier qu'à chaque fois qu'on fait un péché, il vient un remords troubler la conscience, malgré lequel on ne laisse pas de *franchir le saut et de passer outre*, comme dit le pere Banny? C'est une assez plaisante chose d'être hérétique pour cela. Je croyois bien qu'on fût damné pour n'avoir pas de bonnes pensées; mais qu'on le soit pour ne pas croire que tout le monde en a, vraiment je ne le pensois pas. Mais, mon pere, je me tiens obligé en conscience de vous désabuser, et de vous dire qu'il y a mille gens qui n'ont point ces desirs, qui pechent sans regret, qui pechent avec joie, qui en font vanité. Et qui peut en savoir plus de nouvelles que vous? Il n'est pas que vous ne confessiez quelqu'un de ceux dont je parle; car c'est parmi les personnes de grande qualité qu'il s'en rencontre d'ordinaire. Mais prenez garde, mon pere, aux dangereuses suites de votre maxime. Ne remarquez-vous pas quel effet elle peut faire dans ces libertins qui ne cherchent qu'à douter de la religion? Quel prétexte leur en offrez-vous, quand vous leur dites, comme une vérité de foi, qu'ils sentent, à chaque péché qu'ils commettent, un avertissement et un desir intérieur de s'en abstenir! Car n'est-il pas visible qu'étant convaincus, par leur propre expérience, de la faus-

seté de votre doctrine en ce point, que vous
dites être de foi, ils en étendront la conséquence à tous les autres? Ils diront que si vous
n'êtes pas véritables en un article, vous êtes
suspects en tous : et ainsi vous les obligerez à
conclure ou que la religion est fausse, ou du
moins que vous en êtes mal instruits.

Mais mon second soutenant mon discours,
lui dit : Vous feriez bien, mon pere, pour conserver votre doctrine, de n'expliquer pas aussi
nettement que vous nous avez fait, ce que vous
entendez par grace *actuelle*. Car comment pour-
riez-vous déclarer ouvertement, sans perdre
toute créance dans les esprits, « que personne
« ne peche qu'il n'ait auparavant la connois-
« sance de son infirmité, celle du médecin, le
« desir de la guérison, et celui de la demander
« à Dieu ? » Croira-t-on, sur votre parole, que
ceux qui sont plongés dans l'avarice, dans l'im-
pudicité, dans les blasphêmes, dans le duel,
dans la vengeance, dans les vols, dans les sa-
crileges, aient véritablement le desir d'embrasser la chasteté, l'humilité, et les autres vertus chrétiennes?

Pensera-t-on que ces philosophes, qui van-
toient si hautement la puissance de la nature,
en connussent l'infirmité et le médecin? Direz-vous que ceux qui soutenoient comme une

maxime assurée, « que ce n'est pas Dieu qui
« donne la vertu, et qu'il ne s'est jamais trou-
« vé personne qui la lui ait demandée, » pen-
sassent à la lui demander eux-mêmes?

Qui pourra croire que les épicuriens qui
nioient la Providence divine, eussent des mouvemens de prier Dieu? Eux qui disoient, « que
« c'étoit lui faire injure de l'implorer dans nos
« besoins, comme s'il eût été capable de s'a-
« muser à penser à nous. »

Et enfin, comment s'imaginer que les idolâtres et les athées aient dans toutes les tenta-
tions qui les portent au péché, c'est-à-dire une
infinité de fois en leur vie, le desir de prier
le vrai Dieu, qu'ils ignorent, de leur donner
les vraies vertus qu'ils ne connoissent pas?

Oui, dit le bon pere d'un ton résolu, nous
le dirons; et plutôt que de dire qu'on peche
sans avoir la vue que l'on fait mal, et le desir
de la vertu contraire, nous soutiendrons que
tout le monde, et les impies et les infideles,
ont ces inspirations et ces desirs à chaque tentation. Car vous ne sauriez me montrer, au
moins par l'écriture, que cela ne soit pas.

Je pris la parole à ce discours pour lui dire:
Et quoi, mon pere, faut-il recourir à l'écriture
pour montrer une chose si claire? Ce n'est pas
ici un point de foi, ni même de raisonnement.

C'est une chose de fait. Nous le voyons, nous le savons, nous le sentons.

Mais mon janséniste se tenant dans les termes que le pere avoit prescrits, lui dit ainsi: Si vous voulez, mon pere, ne vous rendre qu'à l'écriture, j'y consens; mais au moins ne lui résistez pas, et puisqu'il est écrit, « que « Dieu n'a pas révélé ses jugemens aux gen- « tils, et qu'il les a laissés errer dans leurs « voies, » ne dites pas que Dieu a éclairé ceux que les livres sacrés nous assurent « avoir « été abandonnés dans les ténebres et dans « l'ombre de la mort. »

Ne vous suffit-il pas, pour entendre l'erreur de votre principe, de voir que S. Paul se dit *le premier des pécheurs*, pour un péché qu'il déclare avoir commis *par ignorance, et avec zele?*

Ne suffit-il pas de voir par l'évangile, que ceux qui crucifioient Jésus-Christ avoient besoin du pardon qu'il demandoit pour eux, quoiqu'ils ne connussent point la malice de leur action, et qu'ils ne l'eussent jamais faite, selon S. Paul, s'ils en eussent eu la connoissance?

Ne suffit-il pas que Jésus-Christ nous avertisse, qu'il y aura des persécuteurs de l'église qui croiront rendre service à Dieu en s'efforçant de la ruiner; pour nous faire entendre, que ce péché, qui est le plus grand de tous, selon l'apôtre, peut être commis par ceux qui sont si éloignés de savoir qu'ils pechent, qu'ils croïroient pécher en ne le faisant pas? Et enfin ne suffit-il pas que JÉSUS-CHRIST lui-même nous ait appris qu'il y a deux sortes de pécheurs, dont les uns pechent avec connoissance, et les autres sans connoissance ; et qu'ils seront tous châtiés, quoiqu'à la vérité différemment?

Le bon pere pressé par tant de témoignages de l'écriture, à laquelle il avoit eu recours, commença à lâcher le pied, et laissant pécher les impies sans inspiration, il nous dit : Au moins vous ne nierez pas que les justes ne pechent jamais sans que Dieu leur donne...Vous reculez, lui dis-je en l'interrompant, vous reculez, mon pere : vous abandonnez le principe général, et voyant qu'il ne vaut plus rien à l'égard des pécheurs, vous voudriez entrer en composition, et le faire au moins subsister pour les justes. Mais cela étant j'en vois l'usage bien raccourci ; car il ne servira plus à guere de gens ; et ce n'est quasi pas la peine de vous le disputer.

Mais mon second, qui avoit, à ce que je crois, étudié toute cette question le matin même, tant il étoit prêt sur tout, lui répondit :

Voilà, mon pere, le dernier retranchement où se retirent ceux de votre parti qui ont voulu entrer en dispute. Mais vous y êtes aussi peu en assurance. L'exemple des justes ne vous est pas plus favorable. Qui doute qu'ils ne tombent souvent dans des péchés de surprise sans qu'ils s'en apperçoivent? N'apprenons-nous pas des saints mêmes combien la concupiscence leur tend de pieges secrets, et combien il arrive ordinairement que, quelque sobres qu'ils soient, ils donnent à la volupté ce qu'ils pensent donner à la seule nécessité, comme S. Augustin le dit de soi-même dans ses Confessions?

Combien est-il ordinaire de voir les plus zélés s'emporter dans la dispute à des mouvemens d'aigreur pour leur propre intérêt, sans que leur conscience leur rende sur l'heure d'autre témoignage, sinon qu'ils agissent de la sorte pour le seul intérêt de la vérité, et sans qu'ils s'en apperçoivent quelquefois que long-temps après?

Mais que dira-t-on de ceux qui se portent avec ardeur à des choses effectivement mauvaises, parce qu'ils les croient effectivement bonnes; comme l'histoire ecclésiastique en donne des exemples; ce qui n'empêche pas, selon les peres, qu'ils n'aient péché dans ces occasions?

Et sans cela comment les justes auroient-ils des péchés cachés? Comment seroit-il véritable que Dieu seul en connoît et la grandeur, et le nombre? que personne ne sait s'il est digne d'amour ou de haine, et que les plus saints doivent toujours demeurer dans la crainte et dans le tremblement, quoiqu'ils ne se sentent coupables en aucune chose, comme saint Paul le dit de lui-même?

Concevez donc, mon pere, que les exemples et des justes et des pécheurs renversent également cette nécessité que vous supposez pour pécher, de connoître le mal et d'aimer la vertu contraire, puisque la passion que les impies ont pour les vices, témoigne assez qu'ils n'ont aucun desir pour la vertu: et que l'amour que les justes ont pour la vertu, témoigne hautement qu'ils n'ont pas toujours la connoissance des péchés qu'ils commettent chaque jour, selon l'écriture.

Et il est si vrai que les justes pechent en cette sorte, qu'il est rare que les grands saints pechent autrement. Car comment pourroit-on concevoir que ces ames si pures qui fuient avec tant de soin et d'ardeur les moindres choses qui peuvent déplaire à Dieu, aussi-tôt qu'elles s'en apperçoivent, et qui pechent néanmoins plusieurs fois chaque jour, eussent à chaque fois avant que de tomber, « la connois- « sance de leur infirmité en cette occasion, « celle du médecin, le desir de leur santé, et « celui de prier Dieu de les secourir, » et que malgré toutes ces inspirations, ces ames si zélées *ne laissassent pas de passer outre*, et de commettre le péché?

Concluez donc, mon pere, que ni les pécheurs, ni même les plus justes, n'ont pas toujours ces connoissances, ces desirs, et toutes ces inspirations toutes les fois qu'ils pechent ; c'est-à-dire, pour user de vos termes, qu'ils n'ont pas toujours la grace actuelle dans toutes les occasions où ils pechent. Et ne dites plus avec vos nouveaux auteurs, qu'il est impossible qu'on peche quand on ne connoît pas la justice ; mais dites plutôt avec saint Augustin, et les anciens peres, qu'il est impossible qu'on ne peche pas quand on ne connoît pas la justice : *Necesse est ut peccet, a quo ignoratur justitia.*

Le bon pere se trouvant aussi empêché de soutenir son opinion au regard des justes qu'au regard des pécheurs, ne perdit pas pourtant courage. Et après avoir un peu rêvé : Je m'en vas bien vous convaincre, nous dit-il. Et reprenant son pere Bauny, à l'endroit même qu'il nous avoit montré : Voyez, voyez la raison sur laquelle il établit sa pensée. Je savois bien qu'il ne manquoit pas de bonnes preuves. Lisez ce qu'il cite d'Aristote, et vous verrez qu'après une autorité si expresse, il faut brûler les livres de ce prince des philosophes, ou être de notre opinion. Écoutez donc les principes qu'établit le pere Bauny : il dit premièrement « qu'une ac- « tion ne peut être imputée à blâme, lorsqu'elle « est involontaire. » Je l'avoue, lui dit mon ami. Voilà la premiere fois, leur dis-je, que je vous ai vus d'accord. Tenez - vous en là, mon pere, si vous m'en croyez. Ce ne seroit rien faire, me dit-il, car il faut savoir quelles sont les conditions nécessaires pour faire qu'une action soit volontaire. J'ai bien peur, répondis-je, que vous ne vous brouilliez là-dessus. Ne craignez point, dit-il, ceci est sûr; Aristote est pour moi. Écoutez bien ce que dit le pere Bauny : « Afin qu'une action soit volon- « taire, il faut qu'elle procede d'homme qui « voie, qui sache, qui pénetre ce qu'il y a de « bien et de mal en elle. VOLUNTARIUM EST, « dit - on communément avec le philosophe, « (vous savez bien que c'est Aristote, me dit- « il, en me serrant les doigts), *quod fit a prin-*

« *cipio cognoscente singula , in quibus est ac-*
« *tio :* si bien que quand la volonté, à la vo-
« lée et sans discussion, se porte à vouloir ou
« abhorrer, faire ou laisser quelque chose, a-
« vant que l'entendement ait pu voir s'il y a
« du mal à la vouloir ou à la fuir, la faire ou
« la laisser, telle action n'est ni bonne ni mau-
« vaise, d'autant qu'avant cette perquisition,
« cette vue et réflexion de l'esprit dessus les
« qualités bonnes ou mauvaises de la chose à
« laquelle on s'occupe, l'action avec laquelle
« on la fait, n'est volontaire. »

Et bien, me dit le pere, êtes-vous content ?
Il semble, répartis-je, qu'Aristote est de l'a-
vis du pere Bauny ; mais cela ne laisse pas de
me surprendre. Quoi, mon pere, il ne suffit
pas, pour agir volontairement, qu'on sache
ce que l'on fait, et qu'on ne le fasse que parce
qu'on le veut faire ? mais il faut de plus « que
« l'on voie, que l'on sache, et que l'on péne-
« tre ce qu'il y a de bien et de mal dans cette
« action ? » Si cela est, il n'y a guere d'actions
volontaires dans la vie ; car on ne pense guere
à tout cela. Que de juremens dans le jeu, que
d'excès dans les débauches, que d'emportemens dans le carnaval, qui ne sont point volontaires, et par conséquent ni bons, ni mauvais, pour n'être point accompagnés de ces

réflexions d'esprit sur les qualités bonnes ou mauvaises de ce que l'on fait! Mais est-il possible, mon pere, qu'Aristote ait eu cette pensée? Car j'avois oui dire que c'étoit un habile homme. Je m'en vas vous en éclaircir, me dit mon janséniste. Et ayant demandé au pere la Morale d'Aristote, il l'ouvrit au commencement du troisieme livre, d'où le pere Bauny a pris les paroles qu'il en rapporte, et dit à ce bon pere : Je vous pardonne d'avoir cru, sur la foi du pere Bauny, qu'Aristote ait été de ce sentiment. Vous auriez changé d'avis, si vous l'aviez lu vous-même. Il est bien vrai qu'il enseigne « qu'afin qu'une action soit volontaire, « il faut connoître les particularités de cette « action : SINGULA *in quibus est actio.* Mais qu'entend-il par-là, sinon les circonstances particulieres de l'action, ainsi que les exemples qu'il en donne, le justifient clairement, n'en rapportant point d'autre que de ceux où l'on ignore quelqu'une de ces circonstances, comme « d'une personne qui, voulant monter « une machine, en décoche un dard qui blesse « quelqu'un ; et de Mérope qui tua son fils, en « pensant tuer son ennemi, » et autres semblables?

Vous voyez donc par-là quelle est l'ignorance qui rend les actions involontaires ; et que ce n'est que celle des circonstances particulieres qui est appellée par les théologiens, comme vous le savez fort bien, mon pere, l'*ignorance du fait*. Mais, quant à celle *du droit*, c'est-à-dire, quant à l'ignorance du bien et du mal qui est en l'action, de laquelle seule il s'agit ici, voyons si Aristote est de l'avis du pere Bauny. Voici les paroles de ce philosophe : « Tous les « méchans ignorent ce qu'ils doivent faire et « ce qu'ils doivent fuir. Et c'est cela même qui « les rend méchans et vicieux. C'est pourquoi « on ne peut pas dire que, parce qu'un homme « ignore ce qu'il est à propos qu'il fasse pour « satisfaire à son devoir, son action soit invo-« lontaire. Car cette ignorance dans le choix « du bien et du mal ne fait pas qu'une action « soit involontaire, mais seulement qu'elle est « vicieuse. L'on doit dire la même chose de ce-« lui qui ignore en général les regles de son « devoir, puisque cette ignorance rend les hom-« mes dignes de blâme et non d'excuse. Et ain-« si l'ignorance qui rend les actions involon-« taires et excusables, est seulement celle qui « regarde le fait en particulier, et ses circon-« stances singulieres. Car alors on pardonne à « un homme, et on l'excuse, et on le consi-« dere comme ayant agi contre son gré. »

Après cela, mon pere, direz-vous encore

qu'Aristote soit de votre opinion? Et qui ne s'étonnera de voir qu'un philosophe païen ait été plus éclairé que vos docteurs, en une matiere aussi importante à toute la morale et à la conduite même des ames, qu'est la connoissance des conditions qui rendent les actions volontaires ou involontaires, et qui ensuite les excusent ou ne les excusent pas de péché? N'espérez donc plus rien, mon pere, de ce prince des philosophes, et ne résistez plus au prince des théologiens, qui décide ainsi ce point, au liv. 1 de ses Rétr. c. 15. « Ceux qui pechent « par ignorance, ne font leur action que parce . « qu'ils la veulent faire, quoiqu'ils pechent sans « qu'ils veuillent pécher. Et ainsi ce péché mê- « me d'ignorance ne peut être commis que par « la volonté de celui qui le commet, mais par « une volonté qui se porte à l'action, et non « au péché; ce qui n'empêche pas néanmoins « que l'action ne soit péché, parce qu'il suffit « pour cela qu'on ait fait ce qu'on étoit obligé « de ne point faire. »

Le pere me parut supris, et plus encore du passage d'Aristote, que de celui de saint Augustin. Mais comme il pensoit à ce qu'il devoit dire, on vint l'avertir que madame la maréchale de.... et madame la marquise de.... le demandoient. Et ainsi, en nous quittant à la hâte : J'en parlerai, dit-il, à nos peres. Ils y trouveront bien quelque réponse. Nous en avons ici de bien subtils. Nous l'entendîmes bien ; et quand je fus seul avec mon ami, je lui témoignai d'être étonné du renversement que cette doctrine apportoit dans la morale. A quoi il me répondit, qu'il étoit bien étonné de mon étonnement. Ne savez-vous donc pas encore que leurs excès sont beaucoup plus grands dans la morale que dans les autres matieres? Il m'en donna d'étranges exemples, et remit le reste à une autre fois. J'espere que ce que j'en apprendrai sera le sujet de notre premier entretien. Je suis, etc.

CINQUIEME LETTRE.

Dessein des jésuites en établissant une nouvelle morale. Deux sortes de casuistes parmi eux : beaucoup de relâchés, et quelques-uns de séveres : raison de cette différence. Explication de la doctrine de la Probabilité. Foule d'auteurs modernes et inconnus mis à la place des saints peres.

De Paris, ce 20 mars 1656.

Monsieur,

Voici ce que je vous ai promis. Voici les premiers traits de la morale de ces bons peres jésuites, « de ces hommes éminens en doctrine « et en sagesse, qui sont tous conduits par la « sagesse divine, qui est plus assurée que toute « la philosophie. » Vous pensez peut-être que je raille. Je le dis sérieusement, ou plutôt ce sont eux-mêmes qui le disent dans leur livre intitulé, *Imago primi sœculi.* Je ne fais que copier leurs paroles, aussi-bien que dans la suite de cet éloge : « C'est une société d'hommes ou « plutôt d'anges, qui a été prédite par Isaïe en

4

« ces paroles : Allez, anges prompts et légers.»
La prophétie n'en est-elle pas claire ? « Ce sont
« des esprits d'aigles ; c'est une troupe de phé-
« nix ; un auteur ayant montré depuis peu qu'il
« y en a plusieurs. Ils ont changé la face de la
« chrétienté. » Il le faut croire, puisqu'ils le
disent. Et vous l'allez bien voir dans la suite
de ce discours, qui vous apprendra leurs ma.
ximes.

J'ai voulu m'en instruire de bonne sorte. Je
ne me suis pas fié à ce que notre ami m'en avoit
appris. J'ai voulu les voir eux-mêmes. Mais
j'ai trouvé qu'il ne m'avoit rien dit que de vrai.
Je pense qu'il ne ment jamais. Vous le verrez
par le récit de ces conférences.

Dans celle que j'eus avec lui, il me dit de si
étranges choses, que j'avois peine à le croire ;
mais il me les montra dans les livres de ces
peres : de sorte qu'il ne me resta à dire pour
leur défense, sinon que c'étoient les sentimens
de quelques particuliers, qu'il n'étoit pas juste
d'imputer au corps. Et en effet, je l'assurai que
j'en connoissois qui sont aussi séveres, que
ceux qu'il me citoit sont relâchés. Ce fut sur
cela qu'il me découvrit l'esprit de la Société,
qui n'est pas connu de tout le monde ; et vous
serez peut-être bien aise de l'apprendre. Voici
ce qu'il me dit.

Vous pensez beaucoup faire en leur faveur, de montrer qu'ils ont de leurs peres aussi conformes aux maximes évangéliques, que les autres y sont contraires ; et vous concluez de-là que ces opinions larges n'appartiennent pas à toute la Société. Je le sais bien ; car si cela étoit, ils n'en souffriroient pas qui y fussent si contraires. Mais puisqu'ils en ont aussi qui sont dans une doctrine si licencieuse, concluez-en de même, que l'esprit de la Société n'est pas celui de la sévérité chrétienne. Car si cela étoit, ils n'en souffriroient pas qui y fussent si opposés. Et quoi, lui répondis-je, quel peut donc être le dessein du corps entier ? C'est sans doute qu'ils n'en ont aucun d'arrêté, et que chacun a la liberté de dire à l'aventure ce qu'il pense. Cela ne peut pas être, me répondit-il, un si grand corps ne subsisteroit pas dans une conduite téméraire, et sans une ame qui le gouverne et qui regle tous ses mouvemens. Outre qu'ils ont un ordre particulier, de ne rien imprimer sans l'aveu de leurs supérieurs. Mais quoi, lui dis-je, comment les mêmes supérieurs peuvent-ils consentir à des maximes si différentes ? C'est ce qu'il faut vous apprendre, me répliqua-t-il.

Sachez donc que leur objet n'est pas de corrompre les mœurs : ce n'est pas leur dessein.

Mais ils n'ont pas aussi pour unique but celui de les réformer : ce seroit une mauvaise politique. Voici quelle est leur pensée. Ils ont assez bonne opinion d'eux-mêmes, pour croire qu'il est utile et comme nécessaire au bien de la religion, que leur crédit s'étende par-tout, et qu'ils gouvernent toutes les consciences. Et parce que les maximes évangéliques et séveres sont propres pour gouverner quelques sortes de personnes, ils s'en servent dans ces occasions où elles leur sont favorables. Mais comme ces mêmes maximes ne s'accordent pas au dessein de la plupart des gens, ils les laissent à l'égard de ceux-là, afin d'avoir de quoi satisfaire tout le monde. C'est pour cette raison qu'ayant affaire à des personnes de toutes sortes de conditions et de nations si différentes, il est nécessaire qu'ils aient des casuistes assortis à toute cette diversité.

De ce principe vous jugez aisément que s'ils n'avoient que des casuistes relâchés, ils ruineroient leur principal dessein, qui est d'embrasser tout le monde, puisque ceux qui sont véritablement pieux, cherchent une conduite plus sévere. Mais comme il n'y en a pas beaucoup de cette sorte, ils n'ont pas besoin de beaucoup de directeurs séveres pour les conduire. Ils en ont peu pour peu ; au lieu que la foule des casuistes relâchés s'offre a la foule de ceux qui cherchent le relâchement.

C'est par cette conduite *obligeante et accommodante*, comme l'appelle le P. Petau, qu'ils tendent les bras à tout le monde. Car s'il se présente à eux quelqu'un qui soit tout résolu de rendre des biens mal acquis, ne craignez pas qu'ils l'en détournent. Ils loueront au contraire et confirmeront une si sainte résolution. Mais qu'il en vienne un autre qui veuille avoir l'absolution sans restituer, la chose sera bien difficile, s'ils n'en fournissent des moyens dont ils se rendront les garans.

Par-là ils conservent tous leurs amis, et se défendent contre tous leurs ennemis. Car si on leur reproche leur extrême relâchement, ils produisent incontinent au public leurs directeurs austeres, avec quelques livres qu'ils ont faits de la rigueur de la loi chrétienne ; et les simples, et ceux qui n'approfondissent pas plus avant les choses, se contentent de ces preuves.

Ainsi, ils en ont pour toutes sortes de personnes, et répondent si bien selon ce qu'on leur demande, que quand ils se trouvent en des pays où un Dieu crucifié passe pour folie, ils suppriment le scandale de la croix, et ne prêchent que J. C. glorieux, et non pas J. C. souffrant : comme ils ont fait dans les Indes et dans la

Chine, où ils ont permis aux chrétiens l'idolâtrie même par cette subtile invention, de leur faire cacher sous leurs habits une image de J. C. à laquelle ils leur enseignent de rapporter mentalement les adorations publiques qu'ils rendent à l'idole Cachinchoam et à leur Keum-fucum, comme Gravina, dominicain, le leur reproche ; et comme le témoigne le mémoire en espagnol, présenté au roi d'Espagne Philippe IV, par les cordeliers des Isles Philippines, rapporté par Thomas Hurtado dans son livre du Martyre de la foi, page 427. De telle sorte que la congrégation des cardinaux *de propaganda fide*, fut obligée de défendre particulièrement aux jésuites, sur peine d'excommunication, de permettre des adorations d'idoles sous aucun prétexte, et de cacher le mystere de la croix à ceux qu'ils instruisent de la religion, leur commandant expressément de n'en recevoir aucun au baptême qu'après cette connoissance, et leur ordonnant d'exposer dans leurs églises l'image du Crucifix, comme il est porté amplement dans le décret de cette congrégation, donné le 9e. juillet 1646, signé par le cardinal Capponi.

Voilà de quelle maniere ils se sont répandus par toute la terre à la faveur *de la doctrine des opinions probables*, qui est la source et la base de tout ce dérèglement. C'est ce qu'il faut que vous appreniez d'eux mêmes. Car ils ne le cachent à personne, non plus que tout ce que vous venez d'entendre ; avec cette seule différence, qu'ils couvrent leur prudence humaine et politique, du prétexte d'une prudence divine et chrétienne ; comme si la foi et la tradition qui la maintient, n'étoit pas toujours une et invariable dans tous les temps et dans tous les lieux ; comme si c'étoit à la regle à se fléchir pour convenir au sujet qui doit lui être conforme ; et comme si les ames n'avoient pour se purifier de leurs taches, qu'à corrompre la loi du Seigneur ; au lieu « que la loi du Sei-« gneur qui est sans tache et toute sainte, est « celle qui doit convertir les ames, » et les conformer à ses salutaires instructions !

Allez donc, je vous prie, voir ces bons pe-res, et je m'assure que vous remarquerez aisément dans le relâchement de leur morale la cause de leur doctrine touchant la grace. Vous y verrez les vertus chrétiennes si inconnues, et si dépourvues de la charité qui en est l'ame et la vie ; vous y verrez tant de crimes palliés, et tant de désordres soufferts, que vous ne trouverez plus étrange qu'ils soutiennent que tous les hommes ont toujours assez de grace pour vivre dans la piété de la maniere qu'ils l'entendent. Comme leur morale est toute payenne, la nature suffit pour l'observer. Quand nous soutenons la nécessité de la grace efficace, nous lui donnons d'autres vertus pour objet. Ce n'est pas simplement pour guérir les vices par d'autres vices ; ce n'est pas seulement pour faire pratiquer aux hommes les devoirs extérieurs de la religion ; c'est pour une vertu plus haute que celle des pharisiens et des plus sages du paganisme. La loi et la raison sont des graces suffisantes pour ces effets. Mais pour dégager l'ame de l'amour du monde, pour la retirer de ce qu'elle a de plus cher, pour la faire mourir à soi-même, pour la porter et l'attacher uniquement et invariablement à Dieu, ce n'est l'ouvrage que d'une main toute-puissante. Et il est aussi peu raisonnable de prétendre que l'on a toujours un plein pouvoir, qu'il le seroit de nier que ces vertus destituées d'amour de Dieu, lesquelles ces bons peres confondent avec les vertus chrétiennes, ne sont pas en notre puissance.

Voilà comme il me parla, et avec beaucoup de douleur ; car il s'afflige sérieusement de tous ces désordres. Pour moi j'estimai ces bons peres de l'excellence de leur politique : et je fus, selon son conseil, trouver un bon casuiste de la Société. C'est une de mes anciennes connoissances, que je voulus renouveller exprès.

Et comme j'étois instruit de la maniere dont il
les falloit traiter, je n'eus pas peine à le mettre
en train. Il me fit d'abord mille caresses ; car il
m'aime toujours : et après quelqués discours indifférens, je pris occasion du temps où nous
sommes, pour apprendre de lui quelque chose
sur le jeûne, afin d'entrer insensiblement en
matiere. Je lui témoignai donc que j'avois de la
peine à le supporter. Il m'exhorta à me faire
violence : mais comme je continuai à me plaindre, il en fut touché, et se mit à chercher quelque cause de dispense. Il m'en offrit en effet
plusieurs qui ne me convenoient point, lorsqu'il s'avisa enfin de me demander si je n'avois
pas de peine à dormir sans souper. Oui, lui
dis-je, mon pere, et cela m'oblige souvent à
faire collation à midi, et à souper le soir. Je
suis bien aise, me répliqua-t-il, d'avoir trouvé
ce moyen de vous soulager sans péché : allez,
vous n'êtes point obligé à jeûner. Je ne veux
pas que vous m'en croyiez, venez à la biblio-
theque. J'y fus, et là, en prenant un livre : En
voici la preuve, me dit-il, et Dieu sait quelle !
C'est Escobar. Qui est Escobar, lui dis-je,
mon pere ? Quoi, vous ne savez pas qui est Escobar de notre Société, qui a compilé cette
Théologie morale de vingt-quatre de nos peres ;
sur quoi il fait dans la préface une allégorie de

ce livre « à celui de l'Apocalypse qui étoit scellé
« de sept sceaux ? Et il dit que Jésus l'offre
« ainsi scellé aux quatre animaux, Suarez, Vas-
« quez, Molina, Valentia, en présence de
« vingt - quatre jésuites qui représentent les
« vingt - quatre vieillards ? » Il lut toute cette
allégorie qu'il trouvoit bien juste, et par où il
me donnoit une grande idée de l'excellence de
cet ouvrage. Ayant ensuite cherché son passage du jeûne : Le voici, me dit-il, au tr. 1. ex.
13, n. 67. « Celui qui ne peut dormir s'il n'a
« soupé, est-il obligé de jeûner? Nullement. »
N'êtes-vous pas content ? Non pas tout-à-fait,
lui dis-je ; car je puis bien supporter le jeûne
en faisant collation le matin et soupant le soir.
Voyez donc la suite, me dit-il, ils ont pensé
à tout. « Et que dira-t-on, si on peut bien se
« passer d'une collation le matin en soupant le
« soir ? *Me voilà.* On n'est point encore obligé
« à jeûner. Car personne n'est obligé à changer
« l'ordre de ses repas. » O la bonne raison, lui
dis - je ! Mais dites - moi, continua-t-il, usez
vous de beaucoup de vin? Non, mon pere, lui
dis-je ; je ne le puis souffrir. Je vous disois cela, me répondit-il, pour vous avertir que vous en
pourriez boire le matin, et quand il vous plairoit, sans rompre le jeûne ; et cela soutient toujours. En voici la décision au même lieu, n. 75.

« Peut - on , sans rompre le jeûne , boire du
« vin à telle heure qu'on voudra , et même en
« grande quantité ? On le peut , et même de
« l'hypocras. » Je ne me souvenois pas de cet
hypocras , dit-il ; il faut que je le mette sur
mon recueil. Voilà un honnête homme , lui
dis-je , qu'Escobar ; tout le monde l'aime , répondit le pere. Il fait de si jolies questions.
Voyez celle-ci qui est au même endroit, num.
38. « Si un homme doute qu'il ait vingt - un
« ans , est-il obligé de jeûner ? Non. Mais si
« j'ai vingt - un ans cette nuit à une heure
« après minuit , et qu'il soit demain jeûne ,
« serai - je obligé de jeûner demain ? Non.
« Car vous pourriez manger autant qu'il vous
« plairoit depuis minuit jusqu'à une heure ,
« puisque vous n'auriez pas encore vingt-un
« ans : et ainsi ayant droit de rompre le jeûne ,
« vous n'y êtes point obligé. » O que cela est
divertissant , lui dis - je ! On ne s'en peut tirer , me répondit - il ; je passe les jours et les
nuits à le lire ; je ne fais autre chose. Le bon
pere voyant que j'y prenois plaisir , en fut ravi ; et continuant : Voyez , dit-il , encore ce
trait de Filiutius , qui est un de ces vingt-quatre jésuites , tom. 2, tr. 27 , part. 2 , c. 6 , n.
143. « Celui qui s'est fatigué à quelque chose,
« comme à poursuivre une fille *ad insequen*-

« *dam amicam,* est-il obligé de jeûner? Nulle-
« ment. Mais s'il s'est fatigué exprès pour être
« par là dispensé du jeûne, y sera-t-il tenu ?
« Encore qu'il ait eu ce dessein formé, il n'y
« sera point obligé. » Et bien, l'eussiez-vous
cru, me dit-il? En vérité, mon pere, lui dis-je,
je ne le crois pas bien encore. Et quoi, n'est-ce
pas un péché de ne pas jeûner quand on le peut?
Et est-il permis de rechercher les occasions de
pécher : ou plutôt n'est-on pas obligé de les fuir?
Cela seroit assez commode. Non pas toujours,
me dit-il, c'est selon. Selon quoi, lui dis-je?
Ho! ho! repartit le pere. Et si on recevoit quelque incommodité en fuyant les occasions, y se-
roit-on obligé à votre avis? Ce n'est pas au
moins celui du pere Bauny que voici, p. 1084.
« On ne doit pas refuser l'absolution à ceux qui
« demeurent dans les occasions prochaines du
« péché, s'ils sont en tel état, qu'ils ne puis-
« sent les quitter sans donner sujet au monde
« de parler, ou sans qu'ils en reçussent eux-
« mêmes de l'incommodité. » Je m'en réjouis,
mon pere ; il ne reste plus qu'à dire qu'on peut
rechercher les occasions de propos délibéré ,
puisqu'il est permis de ne les pas fuir. Cela
même est aussi quelquefois permis, ajouta-t-il.
Le célebre casuiste Basile Ponce l'a dit, et le
pere Bauny le cite et approuve son sentiment

que voici dans le traité de la pénitence , q. 4 , p. 94. « On peut rechercher une occasion di- « rectement et pour elle-même ; PRIMO ET PER « SE ; quand le bien spirituel ou temporel de « nous ou de notre prochain nous y porte. »

Vraiment, lui dis-je , il me semble que je rêve, quand j'entends des religieux parler de cette sorte ! Et quoi, mon pere , dites-moi , en conscience , êtes-vous dans ce sentiment-là? Non vraiment, me dit le pere. Vous parlez donc, continuai-je , contre votre conscience? Point du tout, dit-il. Je ne parlois pas en cela selon ma conscience , mais selon celle de Ponce et du pere Bauny. Et vous pourriez les suivre en sûreté ; car ce sont d'habiles gens. Quoi, mon pere, parce qu'ils ont mis ces trois lignes dans leurs livres , sera-t-il devenu permis de recher- cher les occasions de pécher ? Je croyois ne de- voir prendre pour regle que l'écriture et la tra- dition de l'église ; mais non pas vos casuistes. O bon Dieu , s'écria le pere, vous me faites souvenir de ces jansénistes ! Est-ce que le pere Bauny et Basile Ponce ne peuvent pas rendre leur opinion probable? Je ne me con- tente pas du probable ; lui dis-je , je cherche le sûr. Je vois bien, me dit le bon pere , que vous ne savez pas ce que c'est que la doctrine des opinions probables. Vous parleriez autre-

ment si vous le saviez. Ah vraiment, il fant
que je vous en instruise. Vous n'aurez pas perdu votre temps d'être venu ici , sans cela vous
ne pouviez rien entendre. C'est le fondement
et l'*a b c* de toute notre morale. Je fus ravi de
le voir tombé dans ce que je souhaitois , et le
lui ayant témoigné , je le priai de m'expliquer
ce que c'étoit qu'une opinion probable. Nos
auteurs vous y répondront mieux que moi ,
dit il. Voici comme ils en parlent tous générale-
lement , et entre autres nos vingt-quatre , *in
princ.* ex. 3, n. 8. « Une opinion est appellée
« probable , lorsqu'elle est fondée sur dès rai-
« sons de quelque considération. D'où il arri-
« ve quelquefois, qu'un seul docteur fort gra-
« ve peut rendre une opinion probable. » Et
en voici la raison : « Car un homme adonné par-
« ticulièrement à l'étude , ne s'attacheroit pas
« à une opinion , s'il n'y étoit attiré par une
« raison bonne et suffisante. » Et ainsi , lui
dis-je , un seul docteur peut tourner les consciences et les bouleverser à son gré , et toujours en sûreté. Il n'en faut pas rire , me dit-
il , ni penser combattre cette doctrine. Quand
les jansénistes l'ont voulu faire , ils y ont perdu
leur temps. Elle est trop bien établie. Écoutez
Sanchez qui est un des plus célebres de nos
peres , Som. l. 1 , c. 9 , n. 7. « Vous douterez

« peut-être, si l'autorité d'un seul docteur
« bon et savant rend une opinion probable. A
« quoi je réponds qu'oui. Et c'est ce qu'assu-
« rent Angelus, Sylv. Navarre, Emmanuel Sa,
« etc. Et voici comme on le prouve. Une opi-
« nion probable est celle qui a un fondement
« considérable. Or, l'autorité d'un homme sa-
« vant et pieux n'est pas de petite considéra-
« tion, mais plutôt de grande considération.
« Car, écoutez bien cette raison : Si le témoi-
« gnage d'un tel homme est de grand poids,
« pour nous assurer qu'une chose se soit pas-
« sée, par exemple, à Rome, pourquoi ne le
« sera-t-il pas de même dans un doute de mo-
« rale ? »

La plaisante comparaison, lui dis-je, des
choses du monde à celles de la conscience !
Ayez patience : Sanchez répond à cela dans
les lignes qui suivent immédiatement. « Et la
« restriction qu'y apportent certains auteurs,
« ne me plaît pas, que l'autorité d'un tel doc-
« teur est suffisante dans les choses de droit
« humain, mais non pas dans celles de droit
« divin. Car elle est de grand poids dans les
« unes et dans les autres. »

Mon pere, lui dis-je franchement, je ne
puis faire cas de cette regle. Qui m'a assuré
que dans la liberté que vos docteurs se donnent

d'examiner les choses par la raison, ce qui paroîtra sûr à l'un, le paroisse à tous les autres? La diversité des jugemens est si grande..... Vous ne l'entendez pas, dit le pere en m'interrompant; aussi sont-ils fort souvent de différens avis : mais cela n'y fait rien. Chacun rend le sien probable et sûr. Vraiment l'on sait bien qu'ils ne sont pas tous de même sentiment. Et cela n'en est que mieux. Ils ne s'accordent au contraire presque jamais. Il y a peu de questions où vous ne trouviez que l'un dit, oui ; l'autre dit, non. Et en tous ces cas-là, l'une et l'autre des opinions contraires est probable. Et c'est pourquoi Diana dit sur un certain sujet, part. 3, tom. 4, r. 244 : « Ponce et « Sanchez sont de contraires avis : mais parce « qu'ils étoient tous deux savans, chacun rend « son opinion probable. »

Mais, mon pere, lui dis-je, on doit être bien embarrassé à choisir alors ! Point du tout, dit il, il n'y a qu'à suivre l'avis qui agrée le plus. Et quoi, si l'autre est plus probable ? Il n'importe, me dit-il. Et si l'autre est plus sûr ? Il n'importe, me dit encore le pere ; le voici bien expliqué. C'est Emmanuel Sa de notre Société, dans son Aphorisme *de dubio*, p. 183. « On peut faire ce qu'on pense être permis « selon une opinion probable : quoique le con-

« traire soit plus sûr. Or l'opinion d'un seul
« docteur grave y suffit. » Et si une opinion
est tout ensemble et moins probable et moins
sûre, sera-t-il permis de la suivre, en quittant
ce que l'on croit être plus probable et plus sûr ?
Oui encore une fois, me dit-il ; écoutez Filiutius, ce grand jésuite de Rome, *Mort. Quæst.*
tr. 21, c. 4, n. 128. « Il est permis de suivre
« l'opinion la moins probable, quoiqu'elle soit
« la moins sûre. C'est l'opinion commune des
« nouveaux auteurs. » Cela n'est-il pas clair ?
Nous voici bien au large, lui dis-je, mon révérend pere ; graces à vos opinions probables.
Nous avons une belle liberté de conscience.
Et vous autres casuistes, avez-vous la même
liberté dans vos réponses ? Oui, me dit-il,
nous répondons aussi ce qu'il nous plaît, ou
plutôt ce qu'il plaît à ceux qui nous interro-
gent. Car voici nos regles, prises de nos peres,
Laiman, *Theol. Mor.* l. 1, tr. 1, c. 2, §. 2, n. 7 ;
Vasquez, *Dist.* 62, c. 9, n. 47 ; Sanchez, *in
Sum.* l. 1, c. 9, n. 23 ; et de nos 24, *in princ. ex.*
3, n. 24. Voici les paroles de Laiman, que le livre de nos vingt-quatre a suivies : « Un docteur
« étant consulté, peut donner un conseil, non-
« seulement probable selon son opinion, mais
« contraire à son opinion, s'il est estimé pro-
« bable par d'autres, lorsque cet avis contraire

« au sien se rencontre plus favorable , et plus
« agréable à celui qui le consulte. *SI FORTE*
« *haec illi favorabilior seu exoptatior sit.* Mais
« je dis de plus, qu'il ne sera point hors de rai-
« son , qu'il donne à ceux qui le consultent,
« un avis tenu pour probable par quelque per-
« sonne savante , quand même il s'assureroit
« qu'il seroit absolument faux. »

Tout de bon , mon pere , votre doctrine est
bien commode. Quoi ! avoir à répondre , oui et
non , à son choix? On ne peut assez priser un
tel avantage. Et je vois bien maintenant à quoi
vous servent les opinions contraires que vos
docteurs ont sur chaque matiere. Car l'une
vous sert toujours, et l'autre ne vous nuit jamais. Si vous ne trouvez votre compte d'un côté , vous vous jettez de l'autre, et toujours
en sûreté. Cela est vrai , dit-il ; et ainsi nous
pouvons toujours dire avec Diana, qui trouva
le pere Bauny pour lui, lorsque le pere Lugo
lui étoit contraire :

> Sœpe premente Deo fert Deus alter opem.
> Si quelque Dieu nous presse, un autre nous délivre.

J'entends bien , lui dis-je ; mais il me vient
une difficulté dans l'esprit. C'est qu'après avoir
consulté un de vos docteurs, et pris de lui une
opinion un peu large, on sera peut-être attra-

pé, si on rencontre un confesseur qui n'en soit
pas, et qui refuse l'absolution si on ne change
de sentiment. N'y avez-vous point donné ordre, mon pere? En doutez-vous, me répondit-il? On les a obligés à absoudre leurs pénitens qui ont des opinions probables, sur
peine de péché mortel, afin qu'ils n'y manquent
pas. C'est ce qu'ont bien montré nos peres, et
entre autres le pere Bauny, tr. 4. *De Pœnit.* q.
13, p. 93. « Quand le pénitent, dit-il, suit une
« opinion probable, le confesseur le doit ab-
« soudre, quoique son opinion soit contraire
« à celle du pénitent. » Mais il ne dit pas que
ce soit un péché mortel de ne le pas absoudre.
Que vous êtes prompt, me dit-il; écoutez la suite : il en fait une conclusion expresse : « Re-
« fuser l'absolution à un pénitent qui agit se-
« lon une opinion probable, est un péché qui
« de sa natnre est mortel. » Et il cite, pour
confirmer ce sentiment, trois des plus fameux
de nos peres, Suarez, to. 4, dist. 32, sect. 5;
Vasquez, disp. 62, c. 7; et Sanchez, num. 29.

O mon pere, lui dis-je, voilà qui est bien
prudemment ordonné ! Il n'y a plus rien à craindre. Un confesseur n'oseroit plus y manquer.
Je ne savois pas que vous eussiez le pouvoir
d'ordonner sur peine de damnation. Je croyois
que vous ne saviez qu'ôter les péchés; je ne

pensois pas que vous en sussiez introduire. Mais vous avez tout pouvoir, à ce que je vois. Vous ne parlez pas proprement, me dit-il. Nous n'introduisons pas les péchés, nous ne faisons que les remarquer. J'ai déja bien reconnu deux ou trois fois que vous n'êtes pas bon scholastique. Quoi qu'il en soit, mon pere, voilà mon doute bien résolu. Mais j'en ai un autre encore à vous proposer. C'est que je ne sais comment vous pouvez faire, quand les peres de l'église sont contraires au sentiment de quelqu'un de vos casuistes.

Vous l'entendez bien peu, me dit-il. Les peres étoient bons pour la morale de leur temps; mais ils sont trop éloignés pour celle du nôtre. Ce ne sont plus eux qui la reglent, ce sont les nouveaux casuistes. Ecoutez notre pere Cellot, *de Hier.* l. 8, cap. 16, p. 714, qui suit en cela notre fameux pere Reginaldus: « Dans les ques-« tions de morale, les nouveaux casuistes sont « préférables aux anciens peres, quoiqu'ils fus-« sent plus proches des apôtres. » Et c'est en suivant cette maxime que Diana parle de cette sorte, p. 5, tr. 8, reg. 31. « Les bénéficiers sont-« ils obligés de restituer leur revenu dont ils « disposent mal? Les anciens disoient qu'oui, « mais les nouveaux disent que non : ne quit-« tons donc pas cette opinion qui décharge de

« l'obligation de restituer. » Voilà de belles paroles, lui dis-je, et pleines de consolation pour
bien du monde. Nous laissons les peres, me
dit-il, à ceux qui traitent la positive : mais pour
nous qui gouvernons les consciences, nous les
lisons peu, et ne citons dans nos écrits que les
nouveaux casuistes. Voyez Diana qui a tant
écrit ; il a mis à l'entrée de ses livres la liste des
auteurs qu'il rapporte. Il y en a deux cent qua-
tre-vingt-seize, dont le plus ancien est depuis
quatre-vingts ans. Cela est donc venu au monde depuis votre Société, dis-je ? Environ, me
répondit-il. C'est-à-dire, mon pere, qu'à votre
arrivée on a vu disparoître saint Augustin, saint
Chrysostome, saint Ambroise, saint Jérôme,
et les autres pour ce qui est de la morale. Mais
au moins, que je sache les noms de ceux qui
leur ont succédé ; qui sont-ils ces nouveaux auteurs ? Ce sont des gens bien habiles et bien
célebres, me dit-il. C'est Villalobos, Conink ;
Llamas, Achokier, Dealkozer, Dellacrux, Ve-
racruz, Ugolin, Tambourin, Fernandez, Mar-
tinez, Suarez, Henriquez, Vasquez, Lopez,
Gomez, Sanchez, de Vechis, de Grassis, de
Grassalis, de Pitigianis, de Graphæis, Squi-
lanti, Bizozeri, Barcola, de Bobadilla, Siman-
cha, Perez de Lara, Aldretta, Lorca, de Scar-
cia, Quaranta, Scophra, Pedrezza, Cabrezza,

Bisbe, Dias, de Clavasio, Villagut, Adam à Manden, Iribarne, Binsfeld, Volfangi à Vorberg, Vosthery, Strevesdorf. O mon pere, lui dis-je tout effrayé, tous ces gens-là étoient-ils chrétiens? Comment, chrétiens, me répondit-il! Ne vous disois-je pas que ce sont les seuls par lesquels nous gouvernons aujourd'hui la chrétienté? Cela me fit pitié, mais je ne lui en témoignai rien, et lui demandai seulement si tous ces auteurs-là étoient jésuites. Non, me dit-il; mais il n'importe; ils n'ont pas laissé de dire de bonnes choses. Ce n'est pas que la plupart ne les aient prises ou imitées des nôtres, mais nous ne nous piquons pas d'honneur, outre qu'ils citent nos peres à toute heure, et avec éloge. Voyez Diana qui n'est pas de notre Société, quand il parle de Vasquez, il l'appelle *le phénix des esprits*. Et quelquefois il dit « que Vasquez seul lui est autant que tout le « reste des hommes ensemble. *Instar omnium.*» Aussi tous nos peres se servent fort souvent de ce bon Diana; car si vous entendez bien notre doctrine de la Probabilité, vous verrez que cela n'y fait rien. Au contraire nous avons bien voulu que d'autres que les jésuites puissent rendre leurs opinions probables, afin qu'on ne puisse pas nous les imputer toutes. Et ainsi quand, quelque auteur que ce soit, en a

avancé une , nous avons droit de la prendre ,
si nous le voulons, par la doctrine des opinions probables , et nous n'en sommes pas
les garans quand l'auteur n'est pas de notre
corps. J'entends tout cela, lui dis-je. Je vois
bien par-là que tout est bien venu chez vous,
hormis les anciens peres , et que vous êtes les
maîtres de la campagne. Vous n'avez plus qu'à
courir.

Mais je prévois trois ou quatre grands inconvéniens , et de puissantes barrieres qui s'op-
poseront à votre course. Et quoi, me dit le pere
tout étonné? C'est, lui répondis-je , l'écriture
sainte, les papes et les conciles , que vous ne
pouvez démentir , et qui sont tous dans la voie
unique de l'évangile. Est-ce là tout , me dit-il?
Vous m'avez fait peur. Croyez-vous qu'une chose si visible n'ait pas été prévue , et que nous
n'y ayons pas pourvu? Vraiment je vous admire , de penser que nous soyons opposés à l'é-
criture , aux papes , ou aux conciles! Il faut
que je vous éclaircisse du contraire. Je serois
bien marri que vous crussiez que nous man-
quons à ce que nous leur devons. Vous avez
sans doute pris cette pensée de quelques opinions de nos peres qui paroissent choquer leurs
décisions, quoique cela ne soit pas. Mais pour
en entendre l'accord , il faudroit avoir plus de

loisir. Je souhaite que vous ne demeuriez pas mal édifié de nous. Si vous voulez que nous nous revoyions demain, je vous en donnerai l'éclaircissement. Voilà la fin de cette conférence, qui sera celle de cet entretien; aussi en voilà bien assez pour une lettre. Je m'assure que vous en serez satisfait en attendant la suite. Je suis, etc.

SIXIEME LETTRE [1].

Différens artifices des jésuites pour éluder l'autorité de l'évangile, des conciles et des papes. Quelques conséquences qui suivent de leur doctrine sur la Probabilité. Leurs relâchemens en faveur des bénéficiers, des prêtres, des religieux et des domestiques. Histoire de Jean d'Alba.

De Paris, ce 10 avril 1656.

Monsieur,

Je vous ai dit, à la fin de ma derniere lettre, que ce bon pere jésuite m'avoit promis de m'apprendre de quelle sorte les casuistes accordent les contrariétés qui se rencontrent entre leurs opinions et les décisions des papes, des conciles et de l'écriture. Il m'en a instruit, en effet, dans ma seconde visite, dont voici le récit.

Ce bon pere me parla de cette sorte : Une des manieres dont nous accordons ces contradictions apparentes, est par l'interprétation de

1 Cette lettre a été revue par M. Nicole.

quelque terme. Par exemple, le pape Grégoire XIV a déclaré que les assassins sont indignes de jouir de l'asyle des églises, et qu'on les en doit arracher. Cependant nos vingt-quatre vieillards disent, tr. 6, ex. 4, n. 27 : « Que tous « ceux qui tuent en trahison, ne doivent pas « encourir la peine de cette bulle. » Cela vous paroît être contraire, mais on l'accorde, en interprétant le mot d'*assassin*, comme ils font par ces paroles : « Les assassins ne sont-ils « pas indignes de jouir du privilege des égli- « ses? Oui, par la bulle de Grégoire XIV. « Mais nous entendons par le mot d'assassins, « ceux qui ont reçu de l'argent pour tuer quel- « qu'un en trahison. D'où il arrive que ceux « qui tuent sans en recevoir aucun prix, mais « seulement pour obliger leurs amis, ne sont « pas appellés assassins. » De même il est dit dans l'évangile : « Donnez l'aumône de votre « superflu. » Cependant plusieurs casuistes ont trouvé moyen de décharger les personnes les plus riches de l'obligation de donner l'aumône. Cela vous paroît encore contraire; mais on en fait voir facilement l'accord, en interprétant le mot de *superflu*; en sorte qu'il n'arrive pres- que jamais que personne en ait. Et c'est ce qu'a fait le docte Vasquez, en cette sorte, dans

son traité de l'aumône, c. 4: « Ce que les per-
« sonnes du monde gardent pour relever leur
« condition et celle de leurs parens, n'est pas
« appellé superflu. Et c'est pourquoi à peine
« trouvera-t-on qu'il y ait jamais de superflu
« chez les gens du monde, et non pas même
« chez les rois. »

Aussi Diana ayant rapporté ces mêmes paroles de Vasquez, car il se fonde ordinairement sur nos peres, il en conclut fort bien :
« Que, dans la question, si les riches sont obli-
« gés de donner l'aumône de leur superflu, en-
« core que l'affirmative fût véritable, il n'arri-
« vera jamais, ou presque jamais, qu'elle obli-
« ge dans la pratique. »

Je vois bien, mon pere, que cela suit de la
doctrine de Vasquez. Mais que répondroit-on,
si l'on objectoit qu'afin de faire son salut, il
seroit donc aussi sûr, selon Vasquez, de ne
point donner l'aumône, pourvu qu'on ait assez
d'ambition pour n'avoir point de superflu ; qu'il
est sûr, selon l'évangile, de n'avoir point d'ambition, afin d'avoir du superflu pour en pouvoir donner l'aumône? Il faudroit répondre,
me dit-il, que toutes ces deux voies sont sû-
res selon le même évangile ; l'une, selon l'évangile dans le sens le plus littéral et le plus facile

à trouver ; l'autre, selon le même évangile ; interprété par Vasquez. Vous voyez par-là l'utilité des interprétations.

Mais quand les termes sont si clairs qu'ils n'en souffrent aucune, alors nous nous servons de la remarque des circonstances favorables, comme vous verrez par cet exemple. Les papes ont excommunié les religieux qui quittent leur habit, et nos 24 vieillards ne laissent pas de parler en cette sorte, tr. 6, ex. 7, n. 103. « En quelles occasions un religieux peut-il quitter son habit sans encourir l'excommunication ? » Il en rapporte plusieurs, et entre autres celles-ci : « S'il le quitte pour « une cause honteuse, comme pour aller filou-« ter, ou pour aller *incognito* en des lieux de « débauche, le devant bientôt reprendre. » Aussi il est visible que les bulles ne parlent point de ces cas-là.

J'avois peine à croire cela, et je priai le pere de me le montrer dans l'original ; je vis que le chapitre où sont ces paroles est intitulé : « Pratique selon l'école de la Société de « Jésus ; *Praxis ex Societatis Jesu schola ;* » et j'y vis ces mots : *Si habitum dimittat ut furetur occulte, vel fornicetur.* Et il me montra la même chose dans Diana, en ces termes : *Ut eat incognitus ad lupanar.* Et d'où vient, mon pere, qu'ils les ont déchargés de l'excommunication en cette rencontre? Ne le comprenez-vous pas, me dit-il? Ne voyez-vous pas quel scandale ce seroit de surprendre un religieux en cet état avec son habit de religion? Et n'avez-vous point oui parler, continua-t-il, comment on répondit à la premiere bulle *Contra sollicitantes?* et de quelle sorte nos 24, dans un chapitre aussi de la pratique de l'école de notre Société, expliquent la bulle de Pie V, *Contra clericos, etc.?* Je ne sais ce que c'est que tout cela, lui dis-je. Vous ne lisez donc guere Escobar, me dit-il. Je ne l'ai que d'hier, mon pere, et même j'eus de la peine à le trouver. Je ne sais ce qui est arrivé depuis peu, qui fait que tout le monde le cherche. Ce que je vous disois, repartit le pere, est au tr. 1, ex. 8, n. 102. Voyez-le en votre particulier. Vous y trouverez un bel exemple de la maniere d'interpréter favorablement les bulles. Je le vis en effet dès le soir même ; mais je n'ose vous le rapporter, car c'est une chose effroyable.

Le bon pere continua donc ainsi. Vous entendez bien maintenant comment on se sert des circonstances favorables? Mais il y en a quelquefois de si précises, qu'on ne peut accorder par-là les contradictions. De sorte que ce seroit bien alors que vous croiriez qu'il y en auroit. Par exemple : trois papes ont décidé que les religieux qui sont obligés par un vœu particulier à la vie quadragésimale, n'en sont pas dispensés, encore qu'ils soient faits évêques. Et cependant Diana dit, « que nonob-« stant leur décision ils en sont dispensés. » Et comment accorde-t-il cela, lui dis-je ? C'est, repliqua le pere, par la plus subtile de toutes les nouvelles méthodes, et par le plus fin de la Probabilité. Je vas vous l'expliqner. C'est que, comme vous le vîtes l'autre jour, l'affirmative et la négative de la plupart des opinions ont chacune quelque probabilité, au jugement de nos docteurs, et assez pour être suivies avec sûreté de conscience. Ce n'est pas que le pour et le contre soient ensemble véritables dans le même sens, cela est impossible ; mais c'est seulement qu'ils sont ensemble probables, et sûrs par conséquent.

Sur ce principe, Diana notre bon ami parle ainsi en la part. 5, tr. 13, r. 39. « Je réponds « à la décision de ces trois papes, qui est con-« traire à mon opinion, qu'ils ont parlé de la « sorte, en s'attachant à l'affirmative, laquelle « en effet est probable, à mon jugement mê-« me : mais il ne s'ensuit pas delà que la né-« gative n'ait aussi sa probabilité. » Et dans le même traité, r. 65, sur un autre sujet, dans lequel il est encore d'un sentiment contraire à un pape, il parle ainsi : « Que le pape l'ait dit « comme chef de l'église, je le veux. Mais il « ne l'a fait que dans l'étendue de la sphere de « probabilité de son sentiment. » Or, vous voyez bien que ce n'est pas là blesser les sentimens des papes : on ne le souffriroit pas à Rome, où Diana est en un si grand crédit. Car il ne dit pas que ce que les papes ont décidé, ne soit pas probable ; mais en laissant leur opinion dans toute la sphere de probabilité, il ne laisse pas de dire que le contraire est aussi probable. Cela est très respectueux, lui dis-je. Et cela est plus subtil, ajouta-t-il, que la réponse que fit le pere Bauny quand on eut censuré ses livres à Rome. Car il lui échappa d'écrire contre M. Hallier, qui le persécutoit alors furieusement : « Qu'a de commun la « censure de Rome avec celle. de France? » Vous voyez assez par-là, que., soit par l'interprétation des termes, soit par la remarque des circonstances favorables, soit enfin par la double probabilité du pour et du contre, on accorde toujours ces contradictions prétendues,qui vous étonnoient auparavant, sans jamais blesser les décisions de l'écriture, des conciles ou des papes, comme vous le voyez. Mon révérend pere, lui dis-je, que le monde est heureux de vous avoir pour maîtres! Que ces probabilités sont utiles! Je ne savois pourquoi vous aviez pris tant de soin d'établir, qu'un seul docteur, *s'il est grave,* peut rendre une opinion probable, que le contraire peut l'être aussi; et qu'alors on peut choisir du pour et du contre celui qui agrée le plus, encore qu'on ne le croie pas véritable, et avec tant de sûreté de conscience, qu'un confesseur qui refuseroit de donner l'absolution sur la foi de ces casuistes, seroit en état de damnation. D'où je comprends qu'un seul casuiste peut à son gré faire de nouvelles regles de morale, et disposer selon sa fantaisie de tout ce qui regarde la conduite des mœurs. Il faut, me dit le pere, apporter quelque tempérament à ce que vous dites. Apprenez bien ceci. Voici notre méthode, où vous verrez le progrès d'une opinion nouvelle, depuis sa naissance jusqu'à sa maturité.

D'abord le docteur *grave* qui l'a inventée l'expose au monde, et la jette comme une semence pour prendre racine. Elle est encore foible en cet état, mais il faut que le temps la mûrisse peu à peu. Et c'est pourquoi Diana, qui en a introduit plusieurs, dit en un endroit: « J'avance cette opinion ; mais parce qu'elle « est nouvelle, je la laisse mûrir au temps,

« *relinquo tempori maturandam.* » Ainsi en peu d'années on la voit insensiblement s'affermir; et après un temps considérable, elle se trouve autorisée par la tacite approbation de l'église, selon cette grande maxime du pere Bauny : « Qu'une opinion étant avancée par « quelques casuistes, et l'église ne s'y étant « point opposée, c'est un témoignage qu'elle « l'approuve. » Et c'est en effet par ce principe qu'il autorise un de ses sentimens dans son traité 6, p. 312. Et quoi, lui dis-je, mon pere, l'église à ce compte-là approuveroit donc tous les abus qu'elle souffre, et toutes les erreurs des livres qu'elle ne censure point? Disputez, me dit-il, contre le pere Bauny. Je vous fais un récit, et vous contestez contre moi. Il ne faut jamais disputer sur un fait. Je vous disois donc que quand le temps a ainsi mûri une opinion, alors elle est tout-à-fait probable et sûre. Et de là vient que le docte Caramuel, dans la lettre où il adresse à Diana sa Théologie fondamentale, dit que ce grand « Dia- « na a rendu plusieurs opinions probables qui « ne l'étoient pas auparavant, *quae antea non* « *erant.* Et qu'ainsi on ne peche plus en les « suivant; au lieu qu'on péchoit auparavant; « *jam non peccant, licet ante peccaverint.* »

En vérité, mon pere, lui dis-je, il y a bien

5.

à profiter auprès de vos docteurs. Quoi, de deux personnes qui font les mêmes choses, celui qui ne sait pas leur doctrine, peche; celui qui la sait, ne peche pas? Elle est donc tout ensemble instructive et justifiante? La loi de Dieu faisoit des prévaricateurs selon S. Paul, celle-ci fait qu'il n'y a presque que des inno-cens. Je vous supplie, mon pere, de m'en bien informer; je ne vous quitterai point que vous ne m'ayez dit les principales maximes que vos casuistes ont établies.

Hélas! me dit le pere, notre principal but auroit été de n'établir point d'autres maximes que celles de l'évangile dans toute leur sévé-rité. Et l'on voit assez par le réglement de nos mœurs, que si nous souffrons quelque relâche-ment dans les autres, c'est plutôt par condes-cendance que par dessein. Nous y sommes for-cés. Les hommes sont aujourd'hui tellement corrompus, que, ne pouvant les faire venir à nous, il faut bien que nous allions à eux. Au-trement ils nous quitteroient; ils feroient pis, ils s'abandonneroient entièrement. Et c'est pour les retenir que nos casuistes ont considéré les vices auxquels on est le plus porté dans toutes les conditions, afin d'établir des maximes si douces, sans toutefois blesser la vérité, qu'on seroit de difficile composition si l'on n'en étoit content. Car le dessein capital que notre Société a pris pour le bien de la religion, est de ne rebuter qui que ce soit, pour ne pas désespérer le monde.

Nous avons donc des maximes pour toutes sortes de personnes, pour les bénéficiers, pour les prêtres, pour les religieux, pour les gentilshommes, pour les domestiques, pour les riches, pour ceux qui sont dans le commerce, pour ceux qui sont mal dans leurs affaires, pour ceux qui sont dans l'indigence, pour les femmes dévotes, pour celles qui ne le sont pas, pour les gens mariés, pour les gens déréglés. Enfin rien n'a échappé à leur prévoyance. C'est à-dire, lui dis-je, qu'il y en a pour le clergé, la noblesse et le tiers-état. Me voici bien disposé à les entendre.

Commençons, dit le pere, par les bénéficiers. Vous savez quel trafic on fait aujourd'hui des bénéfices, et que, s'il falloit s'en rapporter à ce que S. Thomas et les anciens en ont écrit, il y auroit bien des simoniaques dans l'église. C'est pourquoi il a été fort nécessaire que nos peres aient tempéré les choses par leur prudence, comme ces paroles de Valentia, qui est l'un des quatre animaux d'Escobar, vous l'apprendront. C'est la conclusion d'un long discours, où il en donne plusieurs expédiens,

dont voici le meilleur à mon avis. C'est en la
pag. 2039 du tome 3. « Si l'on donne un bien
« temporel pour un bien spirituel, » c'est-à-
dire de l'argent pour un bénéfice, « et qu'on
« donne l'argent comme le prix du bénéfice,
« c'est une simonie visible. Mais si on le donne
« comme le motif qui porte la volonté du col-
« lateur à le conférer, ce n'est point simo-
« nie, encore que celui qui le confere, con-
« sidere et attende l'argent comme la fin prin-
« cipale. » Tannerus, qui est encore de notre
Société, dit la même chose dans son tome 3,
p. 1519, quoiqu'il avoue « que S. Thomas y est
« contraire, en ce qu'il enseigne absolument
« que c'est toujours simonie de donner un bien
« spirituel pour un temporel, si le temporel
« en est la fin. » Par ce moyen nous empêchons
une infinité de simonies. Car qui seroit assez
méchant pour refuser, en donnant de l'argent
pour un bénéfice, de porter son intention à le
donner comme *un motif* qui porte le bénéficier
à le résigner, au lieu de le donner comme *le
prix* du bénéfice ? Personne n'est assez aban-
donné de Dieu pour cela. Je demeure d'accord,
lui dis-je, que tout le monde a des graces suffisantes pour faire un tel marché. Cela est assuré, repartit le pere.

Voilà comment nous avons adouci les choses

à l'égard des bénéficiers. Quant aux prêtres,
nous avons plusieurs maximes qui leur sont assez favorables. Par exemple, celle-ci de nos
vingt-quatre, tr. 1, ex. 11, n. 96 : « Un prêtre
« qui a reçu de l'argent pour dire une messe,
« peut-il recevoir de nouvel argent sur la même
« messe? Oui, dit Filiutius, en appliquant la
« partie du sacrifice qui lui appartient comme
« prêtre, à celui qui le paie de nouveau, pour-
« vu qu'il n'en reçoive pas autant que pour une
« messe entiere, mais seulement pour une par-
« tie, comme pour un tiers de messe. »

Certes, mon pere, voici une de ces rencontres où le *pour* et le *contre* sont bien probables.
Car ce que vous dites ne peut manquer de l'ê-
tre, après l'autorité de Filiutius et d'Escobar.
Mais en le laissant dans sa sphere de probabilité, on pourroit bien, ce me semble, dire
aussi le contraire, et l'appuyer par ces raisons.
Lorsque l'église permet aux prêtres qui sont
pauvres de recevoir de l'argent pour leurs messes, parce qu'il est bien juste que ceux qui
servent à l'autel, vivent de l'autel, elle n'entend pas pour cela qu'ils échangent le sacrifice
pour de l'argent, et encore moins qu'ils se pri-
vent eux-mêmes de toutes les graces qu'ils en
doivent tirer les premiers. Et je dirois encore
« que les prêtres, selon S. Paul, sont obligés

« d'offrir le sacrifice premièrement pour eux-
« mêmes , et puis pour le peuple ; » et qu'ainsi
il leur est bien permis d'en associer d'autres au
fruit du sacrifice , mais non pas de renoncer
eux-mêmes volontairement à tout le fruit du sacrifice , et de le donner à un autre pour un tiers
de messe , c'est-à-dire pour quatre ou cinq sols.
En vérité , mon pere , pour peu que je fusse
grave , je rendrois cette opinion probable.
Vous n'y auriez pas grande peine , me dit-il.
Elle l'est visiblement. La difficulté étoit de trouver de la probabilité dans le contraire des opinions qui sont manifestement bonnes. Et c'est
ce qui n'appartient qu'aux grands hommes. Le
pere Bauny y excelle. Il y a du plaisir de voir
ce savant casuiste pénétrer dans le pour et le
contre d'une même question qui regarde encore les prêtres , et trouver raison par-tout ,
tant il est ingénieux et subtil.

Il dit en un endroit, c'est dans le traité 10 ;
p. 474 : « On ne peut pas faire une loi qui obli-
« geât les curés à dire la messe tous les jours ,
« parce qu'une telle loi les exposeroit indubi-
« tablement , *haud dubie* , au péril de la dire
« quelquefois en péché mortel. » Et néanmoins,
dans le même traité 10 , page 441 , il dit : « Que
« les prêtres qui ont reçu de l'argent pour dire
« la messe tous les jours , la doivent dire tous

« les jours, et qu'ils ne peuvent pas s'excuser
« sur ce qu'ils ne sont pas toujours assez bien
« préparés pour la dire, parce qu'on peut tou-
« jours faire l'acte de contrition ; et que, s'ils y
« manquent, c'est leur faute, et non pas celle
« de celui qui leur fait dire la messe. » Et pour
lever les plus grandes difficultés qui pourroient
les en empêcher, il résout ainsi cette question
dans le même traité, quest. 32, p. 457 : « Un
« prêtre peut-il dire la messe le même jour qu'il
« a commis un péché mortel et des plus crimi-
« nels, en se confessant auparavant ? Non, dit
« Villalobos, à cause de son impureté. Mais
« Sancius dit que oui, et sans aucun péché ;
« je tiens son opinion sûre, et qu'elle doit être
« suivie dans la pratique : *et tuta et sequenda*
« *in praxi.* »

Quoi, mon pere, lui dis-je, on doit suivre
cette opinion dans la pratique ? Un prêtre qui
seroit tombé dans un tel désordre, oseroit-il
s'approcher le même jour de l'autel, sur la parole du pere Bauny ? Et ne devroit-il pas déférer
aux anciennes loix de l'église, qui excluoient
pour jamais du sacrifice, ou au moins pour un
long-temps, les prêtres qui avoient commis
des péchés de cette sorte, plutôt que de s'arrêter aux nouvelles opinions des casuistes, qui
les y admettent le jour même qu'ils y sont tom-

bés? Vous n'avez point de mémoire, dit le
pere. Ne vous appris-je pas, l'autre fois, que,
selon nos peres Cellot et Reginaldus, « on ne
« doit pas suivre, dans la morale, les anciens
« peres, mais les nouveaux casuistes? » Je m'en
souviens bien, lui répondis-je. Mais il y a plus
ici, car il y a des loix de l'église. Vous avez
raison, me dit-il; mais c'est que vous ne savez pas encore cette belle maxime de nos peres:
« Que les loix de l'église perdent leur force,
« quand on ne les observe plus, *cum jam de-*
« *suetudine abierunt,* » comme dit Filiutius,
tom. 2, tr. 25, n. 33. Nous voyons mieux que
les anciens les nécessités présentes de l'église.
Si on étoit si sévere à exclure les prêtres de
l'autel, vous comprenez bien qu'il n'y auroit
pas un si grand nombre de messes. Or, la plu-
ralité des messes apporte tant de gloire à Dieu,
et d'utilité aux ames, que j'oserois dire, avec
notre pere Cellot, dans son livre de la Hiérar-
chie, pag. 611 de l'impression de Rouen, qu'il
n'y auroit pas trop de prêtres, « quand non-
« seulement tous les hommes et les femmes,
« si cela se pouvoit, mais que les corps insen-
« sibles, et les bêtes brutes mêmes, *bruta ani-*
« *malia,* seroient changés en prêtres pour cé-
« lébrer la messe. »

Je fus si surpris de la bizarrerie de cette ima-

gination, que je ne pus rien dire, de sorte qu'il continua ainsi : Mais en voilà assez pour les prétres; je serois trop long; venons aux religieux. Comme leur plus grande difficulté est en l'obéissance qu'ils doivent à leurs supérieurs, écoutez l'adoucissement qu'y apportent nos peres. C'est Castrus Palaüs, de notre Société, *Op. mor.* p. 1, disp. 2, pag. 6 : « Il est hors de dispute, *non*
« *est controversia*, que le religieux qui a pour
« soi une opinion probable, n'est point tenu
« d'obéir à son supérieur, quoique l'opinion
« du supérieur soit la plus.probable. Car alors
« il est permis au religieux d'embrasser celle
« qui lui est la plus agréable, *quæ sibi gratior*
« *fuerit*, comme le dit Sanchez. Et encore que
« le commandement du supérieur soit juste,
« cela ne vous oblige pas de lui obéir : car il
« n'est pas juste de tous points et en toutes ma-
« nieres, *non undequaque juste praecipit*, mais
« seulement probablement ; et ainsi vous n'é-
« tes engagé que probablement à lui obéir, et
« vous en êtes probablement dégagé : *proba-*
« *biliter obligatus, et probabiliter deobligatus.* »
Certes, mon pere, lui dis-je, on ne sauroit trop estimer un si beau fruit de la double probabilité. Elle est de grand usage, me dit-il, mais abrégeons. Je ne vous dirai plus que ce trait de notre célebre Molina, en faveur des

religieux qui sont chassés de leurs couvens pour
leurs désordres. Notre pere Escobar le rapporte,
tr. 6, ex. 7, n. 111, en ces termes : « Molina
« assure qu'un religieux chassé de son monas-
« tere, n'est point obligé de se corriger pour
« y retourner, et qu'il n'est plus lié par son
« vœu d'obéissance. »

Voilà, mon pere, lui dis-je, les ecclésiastiques bien à leur aise. Je vois bien que vos
casuistes les ont traités favorablement. Ils y
ont agi comme pour eux-mêmes. J'ai bien peur
que les gens des autres conditions ne soient
pas si bien traités. Il falloit que chacun fît pour
soi. Ils n'auroient pas mieux fait eux-mêmes,
me repartit le pere. On a agi pour tous avec une
pareille charité, depuis les plus grands jusques
aux moindres. Et vous m'engagez, pour vous
le montrer, à vous dire nos maximes touchant
les valets.

Nous avons considéré, à leur égard, la peine qu'ils ont, quand ils sont gens de conscience, à servir des maîtres débauchés. Car s'ils ne
font tous les messages où ils les emploient, ils
perdent leur fortune; et s'ils leur obéissent,
ils en ont du scrupule. C'est pour les en soulager que nos vingt-quatre peres, tr. 7, ex. 4,
n. 223, ont marqué les services qu'ils peuvent
rendre en sûreté de conscience. En voici quel-

ques-uns : « Porter des lettres et des présens ;
« ouvrir les portes et les fenêtres ; aider leur
« maître à monter à la fenêtre, tenir l'échelle
« pendant qu'il y monte : tout cela est permis
« et indifférent. Il est vrai que pour tenir l'é-
« chelle il faut qu'ils soient menacés plus qu'à
« l'ordinaire, s'ils y manquoient. Car c'est faire
« injure au maître d'une maison , d'y entrer
« par la fenêtre. »

Voyez-vous combien cela est judicieux? Je
n'attendois rien moins , lui dis-je , d'un livre
tiré de vingt-quatre jésuites. Mais, ajouta le
pere, notre pere Bauny a encore bien appris
aux valets à rendre tous ces devoirs-là inno-
cemment à leurs maîtres , en faisant qu'ils portent leur intention , non pas aux péchés dont
ils sont les entremetteurs , mais seulement au
gain qui leur en revient. C'est ce qu'il a bien
expliqué dans sa Somme des péchés, en la page 710 de la premiere impression : « Que les
« confesseurs , dit-il , remarquent bien qu'on
« ne peut absoudre les valets qui font des mes-
« sages déshonnêtes , s'ils consentent aux pé-
« chés de leurs maîtres ; mais il faut dire le
« contraire , s'ils le font pour leur commodité
« temporelle. » Et cela est bien facile à faire ;
car pourquoi s'obstineroient-ils à consentir à
des péchés dont ils n'ont que la peine ?

Et le même pere Bauny a encore établi cette grande maxime en faveur de ceux qui ne sont pas contens de leurs gages. C'est dans sa Somme, pag. 213 et 214 de la sixieme édition. « Les « valets qui se plaignent de leurs gages, peu- « vent-ils d'eux-mêmes les croître en se gar- « nissant les mains d'autant de bien apparte- « nant à leurs maîtres, comme ils s'imaginent « en être nécessaire pour égaler lesdits gages « à leur peine? Ils le peuvent en quelques ren- « contres, comme lorsqu'ils sont si pauvres en « cherchant condition, qu'ils ont été obligés « d'accepter l'offre qu'on leur a faite, et que « les autres valets de leur sorte gagnent da- « vantage ailleurs. »

Voilà justement, mon pere, lui dis-je, le passage de Jean d'Alba. Quel Jean d'Alba, dit le pere? Que voulez-vous dire? Quoi, mon pere, ne vous souvenez-vous plus de ce qui se passa en cette ville l'année 1647? Et où étiez-vous donc alors? J'enseignois, dit-il, les cas de conscience dans un de nos colleges assez éloigné de Paris. Je vois donc bien, mon pere, que vous ne savez pas cette histoire; il faut que je vous la dise. C'étoit une personne d'hon- neur qui la contoit l'autre jour en un lieu où j'étois. Il nous disoit que ce Jean d'Alba, ser- vant vos peres du college de Clermont de la

rue Saint-Jacques, et n'étant pas satisfait de ses gages, déroba quelque chose pour se récompenser. Que vos peres s'en étant apperçus, le firent mettre en prison, l'accusant de vol domestique, et que le procès en fut rapporté au.Châtelet, le 6e. jour d'avril 1647, si j'ai bonne mémoire. Car il nous marqua toutes ces particularités - là, sans quoi à peine l'auroit - on cru. Ce malheureux, étant interrogé, avoua qu'il avoit pris quelques plats d'étain à vos peres, mais il soutint qu'il ne les avoit pas volés pour cela, rapportant pour sa justification cette doctrine du pere Bauny, qu'il présenta aux juges, avec un écrit d'un de vos peres, sous lequel il avoit étudié les cas de conscience, qui lui avoit appris la même chose. Sur quoi M. de Montrouge, l'un des plus considérés de cette compagnie, dit en opinant : « Qu'il
« n'étoit pas d'avis que sur des écrits de ces
« peres, contenant une doctrine illicite, per-
« nicieuse, et contraire à toutes les loix natu-
« relles, divines et humaines, capable de ren-
« verser toutes les familles, et d'autoriser tous
« les vols domestiques, on dût absoudre cet
« accusé. Mais qu'il étoit d'avis que ce trop fi-
« dele disciple fût fouetté devant la porte du
« college, par la main du bourreau, lequel en
« même-temps brûleroit les écrits de ces peres,

« traitant du larcin, avec défense à eux de plus
« enseigner une telle doctrine, sur peine de
« la vie. »

On attendoit la suite de cet avis, qui fut fort
approuvé, lorsqu'il arriva un incident qui fit
remettre le jugement de ce procès. Mais cependant le prisonnier disparut on ne sait comment, sans qu'on parlât plus de cette affaire-
là ; de sorte que Jean d'Alba sortit, et sans rendre sa vaisselle. Voilà ce qu'il nous dit, et il
ajoutoit à cela que l'avis de M. de Montrouge
est aux registres du Châtelet, où chacun le
peut voir. Nous prîmes plaisir à ce conte.

A quoi vous amusez-vous, dit le pere ? Qu'est-
ce que tout cela signifie ? Je vous parle des maximes de nos casuistes ; j'étois prêt à vous parler de celles qui regardent les gentilshommes,
et vous m'interrompez par des histoires hors de
propos. Je ne vous le disois qu'en passant, lui
dis-je, et aussi pour vous avertir d'une chose
importante sur ce sujet, que je trouve que
vous avez oubliée en établissant votre doctrine
de la probabilité. Et quoi, dit le pere, que
pourroit-il y avoir de manque après que tant
d'habiles gens y ont passé ? C'est, lui répondis-je, que vous avez bien mis ceux qui suivent vos opinions probables, en assurance à
l'égard de Dieu et de la conscience : car à ce

que vous dites, on est en sûreté de ce côté-
là, en suivant un docteur grave. Vous les avez
encore mis en assurance du côté des confesseurs : car vous avez obligé les prêtres à les
absoudre sur une opinion probable, à peine
de péché mortel. Mais vous ne les avez point
mis en assurance du côté des juges, de sorte
qu'ils se trouvent exposés au fouet et à la po-
tence, en suivant vos probabilités. C'est un défaut capital que cela. Vous avez raison, dit le
pere, vous me faites plaisir. Mais c'est que
nous n'avons pas autant de pouvoir sur les magistrats que sur les confesseurs, qui sont obligés de se rapporter à nous pour les cas de conscience : car c'est nous qui en jugeons souve-
rainement. J'entends bien, lui dis-je ; mais si
d'une part vous êtes les juges des confesseurs,
n'êtes-vous pas de l'autre les confesseurs des
juges? Votre pouvoir est de grande étendue :
obligez-les d'absoudre les criminels qui ont
une opinion probable, à peine d'être exclus des
sacremens ; afin qu'il n'arrive pas, au grand
mépris et scandale de la probabilité, que ceux
que vous rendez innocens dans la théorie,
soient fouettés ou pendus dans la pratique.
Sans cela, comment trouveriez-vous des disciples? Il y faudra songer, me dit-il, cela n'est
pas à négliger. Je le proposerai à notre pere

Provincial. Vous pouviez néanmoins réserver cet avis à un autre temps, sans interrompre ce que j'ai à vous dire des maximes que nous avons établies en faveur des gentilshommes, et je ne vous les apprendrai qu'à la charge que vous ne me ferez plus d'histoires. Voilà tout ce que vous aurez pour aujourd'hui ; car il faut plus d'une lettre, pour vous mander tout ce que j'appris en une seule conversation. Cependant je suis, etc.

SEPTIEME LETTRE 1.

De la méthode de diriger l'intention selon les casuistes. De la permission qu'ils donnent de tuer pour la défense de l'honneur et des biens, et qu'ils étendent jusqu'aux prêtres et aux religieux. Question curieuse proposée par Caramuel, savoir s'il est permis aux Jésuites de tuer les jansénistes.

De Paris, ce 25 avril 1656.

MONSIEUR,

Après avoir appaisé le bon pere dont j'avois un peu troublé le discours par l'histoire de Jean d'Alba, il le reprit sur l'assurance que je lui donnai de ne lui en plus faire de semblables ; et il me parla des maximes de ses casuistes touchant les gentilshommes, à peu près en ces termes :

Vous savez, me dit-il, que la passion dominante des personnes de cette condition est ce point d'honneur qui les engage à toute heure à des violences qui paroissent bien contraires à la piété chrétienne ; de sorte qu'il faudroit les

___

1 La révision de cette lettre fut faite par M. Nicole.

exclure presque tous de nos confessionaux, si nos peres n'eussent un peu relâché de la sévérité de la religion, pour s'accommoder à la foiblesse des hommes. Mais comme ils vouloient demeurer attachés à l'évangile par leur devoir envers Dieu, et aux gens du monde par leur charité pour le prochain, ils ont eu besoin de toute leur lumiere pour trouver des expédiens qui tempérassent les choses avec tant de justesse, qu'on pût maintenir et réparer son honneur par les moyens dont on se sert ordinairement dans le monde, sans blesser néanmoins sa conscience; afin de conserver tout ensemble deux choses aussi opposées en apparence, que la piété et l'honneur.

Mais autant que ce dessein étoit utile, autant l'exécution en étoit pénible. Car je crois que vous voyez assez la grandeur et la difficulté de cette entreprise. Elle m'étonne, lui dis-je assez froidement. Elle vous étonne? me dit-il. Je le crois, elle en étonneroit bien d'autres. Ignorez-vous que d'une part la loi de l'évangile ordonne « de ne point rendre le mal « pour le mal, et d'en laisser la vengeance à « Dieu? » Et que de l'autre les loix du monde défendent de souffrir les injures, sans en tirer raison soi-même, et souvent par la mort de ses ennemis? Avez-vous jamais rien vu qui paroisse plus contraire? Et cependant, quand je vous dis que nos peres ont accordé ces choses, vous me dites simplement que cela vous étonne. Je ne m'expliquois pas assez, mon pere. Je tiendrois la chose impossible, si après ce que j'ai vu de vos peres, je ne savois qu'ils peuvent faire facilement ce qui est impossible aux autres hommes. C'est ce qui me fait croire qu'ils en ont bien trouvé quelque moyen, que j'admire sans le connoître, et que je vous prie de me déclarer.

Puisque vous le prenez ainsi, me dit-il, je ne puis vous le refuser. Sachez donc que ce principe merveilleux est notre grande méthode de *diriger l'intention ;* dont l'importance est telle dans notre morale, que j'oserois quasi la comparer à la doctrine de la probabilité. Vous en avez vu quelques traits en passant, dans de certaines maximes que je vous ai dites. Car lorsque je vous ai fait entendre comment les valets peuvent faire en conscience de certains messages fâcheux, n'avez vous pas pris garde que c'étoit seulement en détournant leur intention du mal dont ils sont les entremetteurs, pour la porter au gain qui leur en revient? Voilà ce que c'est que *diriger l'intention.* Et vous avez vu de même, que ceux qui donnent de l'argent pour des bénéfices, seroient de

véritables simoniaques, sans une pareille diver-
sion. Mais je veux maintenant vous faire voir
cette grande méthode dans tout son lustre sur
le sujet de l'homicide, qu'elle justifie en mille
rencontres ; afin que vous jugiez par un tel effet, tout ce qu'elle est capable de produire. Je
vois déja, lui dis-je, que par-là tout sera permis, rien n'en échappera. Vous allez toujours
d'une extrémité à l'autre, répondit le pere ;
corrigez-vous de cela. Car pour vous témoigner
que nous ne permettons pas tout, sachez que,
par exemple, nous ne souffrons jamais d'avoir
l'intention formelle de pécher, pour le seul
dessein de pécher ; et que quiconque s'obstine
à n'avoir point d'autres fin dans le mal que le
mal même, nous rompons avec lui ; cela est
diabolique : voilà qui est sans exception d'âge,
de sexe, de qualité. Mais quand on n'est pas
dans cette malheureuse disposition, alors nous
essayons de mettre en pratique notre méthode
de *diriger l'intention*, qui consiste à se proposer pour fin de ses actions un objet permis.
Ce n'est pas qu'autant qu'il est en notre pouvoir, nous ne détournions les hommes des
choses défendues ; mais quand nous ne pouvons pas empêcher l'action, nous purifions au
moins l'intention ; et ainsi nous corrigeons le
vice du moyen, par la pureté de la fin.

Voilà par où nos peres ont trouvé moyen de permettre les violences qu'on pratique en défendant son honneur. Car il n'y a qu'à détourner son intention du desir de vengeance, qui est criminel, pour la porter au desir de défendre son honneur, qui est permis selon nos peres. Et c'est ainsi qu'ils accomplissent tous leurs devoirs envers Dieu et envers les hommes. Car ils contentent le monde, en permettant les actions; et ils satisfont à l'évangile, en purifiant les intentions. Voilà ce que les anciens n'ont point connu, voilà ce qu'on doit à nos peres. Le comprenez-vous maintenant? Fort bien, lui dis-je. Vous accordez aux hommes l'effet extérieur et matériel de l'action, et vous donnez à Dieu ce mouvement intérieur et spirituel de l'intention; et par cet équitable partage, vous alliez les loix humaines avec les divines. Mais, mon pere, pour vous dire la vérité, je me défie un peu de vos promesses, et je doute que vos auteurs en disent autant que vous. Vous me faites tort, dit le pere; je n'avance rien que je ne prouve, et par tant de passages, que leur nombre, leur autorité, et leurs raisons, vous rempliront d'admiration.

Car pour vous faire voir l'alliance que nos peres ont faite des maximes de l'évangile avec celles du monde, par cette direction d'intention, écoutez notre pere Reginaldus, *in praxi*, liv. 21, num. 62, pag. 260. « Il est défendu aux « particuliers de se venger. Car Saint Paul dit, « Rom. ch. 12 : Ne rendez à personne le mal « pour le mal; et l'Eccl. ch. 28 : Celui qui veut « se venger, attirera sur soi la vengeance de « Dieu, et ses péchés ne seront point oubliés. « Outre tout ce qui est dit dans l'évangile, du « pardon des offenses, comme dans les chapitres « 6 et 18 de S. Mathieu. » Certes, mon pere, si après cela il dit autre chose que ce qui est dans l'écriture, ce ne sera pas manque de la savoir. Que conclut-il donc enfin? Le voici, dit-il : « De toutes ces choses il paroît qu'un « homme de guerre peut sur l'heure même pour- « suivre celui qui l'a blessé; non pas, à la véri- « té, avec l'intention de rendre le mal pour le « mal, mais avec celle de conserver son hon- « neur : *Non ut malum pro malo reddat, sed* « *ut conservet honorem.* »

Voyez-vous comment ils ont soin de défen- dre d'avoir l'intention de rendre le mal pour le mal, parce que l'écriture le condamne? Ils ne l'ont jamais souffert. Voyez Lessius, de Just. liv. 2, c. 9, d. 12, n. 79. « Celui qui a reçu un « soufflet, ne peut pas avoir l'intention de s'en « venger; mais il peut bien avoir celle d'éviter « l'infamie, et pour cela de repousser à l'ins-

« tant cette injure, et même à coups d'épée :
« *etiam cum gladio.* » Nous sommes si éloignés de souffrir qu'on ait le dessein de se venger de ses ennemis, que nos peres ne veulent
pas seulement qu'on leur souhaite la mort par un
mouvement de haine. Voyez notre pere Escobar, tr. 5, ex. 5, n. 145. « Si votre ennemi est
« disposé à vous nuire, vous ne devez pas sou-
« haiter sa mort par un mouvement de haine,
« mais vous le pouvez bien faire pour éviter
« votre dommage. » Car cela est tellement légitime avec cette intention, que notre grand
Hurtado de Mendoza dit : « Qu'on peut prier
« Dieu de faire promptement mourir ceux qui
« se disposent à nous persécuter, si on ne le
« peut éviter autrement. » C'est au liv. *de Spe,*
vol. 2, d. 15, sect. 4, §. 48.

Mon révérend pere, lui dis-je, l'église a
bien oublié de mettre une oraison à cette intention dans ses prieres. On n'y a pas mis, me
dit-il, tout ce qu'on peut demander à Dieu.
Outre que cela ne se pouvoit pas ; car cette opi-
nion-là est plus nouvelle que le bréviaire : vous
n'êtes pas bon chronologiste. Mais, sans sortir de ce sujet, écoutez encore ce passage de
notre pere Gaspar Hurtado, *de Sub. pecc. diff.*
9, cité par Diana, pag. 5, tr. 14, r. 99. C'est
l'un des vingt-quatre peres d'Escobar. « Un

« bénéficier peut, sans aucun péché mortel ,
« desirer la mort de celui qui a une pension
« sur son bénéfice ; et un fils celle de son pere ,
« et se réjouir quand elle arrive , pourvu que
« ce ne soit que pour le bien qui lui en re-
« vient, et non pas par une haine person-
« nelle. »

O mon pere, lui dis-je, voilà un beau fruit
de la direction d'intention! Je vois bien qu'elle
est de grande étendue. Mais néanmoins il y a
de certains cas dont la résolution seroit encore
difficile , quoique fort nécessaire pour les gentilshommes. Proposez-les pour voir, dit le pere.
Montrez-moi, lui dis-je, avec toute cette direction d'intention, qu'il soit permis de se battre en duel. Notre grand Hurtado de Mendoza , dit le pere, vous y satisfera sur l'heure,
dans ce passage que Diana rapporte, pag. 5 ,
tr. 14, r. 99. « Si un gentilhomme qui est ap-
« pellé en duel, est connu pour n'être pas dé-
« vot, et que les péchés qu'on lui voit com-
« mettre à toute heure sans scrupule, fassent
« aisément juger que, s'il refuse le duel, ce
« n'est pas par la crainte de Dieu, mais par
« timidité ; et qu'ainsi on dise de lui que c'est
« une poule et non pas un homme, *gallina et*
« *non vir ;* il peut, pour conserver son hon-
« neur, se trouver au lieu assigné, non pas vé-

« ritablement avec l'intention expresse de se
« battre en duel, mais seulement avec celle de
« se défendre, si celui qui l'a appellé l'y vient
« attaquer injustement. Et son action sera toute
« indifférente d'elle-même. Car quel mal y a-
« t-il d'aller dans un champ, de s'y promener
« en attendant un homme, et de s'y défendre
« si on l'y vient attaquer? Et ainsi il ne peche
« en aucune maniere, puisque ce n'est point
« du tout accepter un duel, ayant l'intention
« dirigée à d'autres circonstances. Car l'accep-
« tation du duel consiste en l'intention expresse
« de se battre, laquelle celui-ci n'a pas. »

Vous ne m'avez pas tenu parole, mon pere.
Ce n'est pas-là proprement permettre le duel.
Au contraire, il le croit tellement défendu,
que, pour le rendre permis, il évite de dire que
c'en soit un. Ho! ho! dit le pere, vous com-
mencez à pénétrer, j'en suis ravi. Je pourrois
dire néanmoins qu'il permet en cela tout ce que
demandent ceux qui se battent en duel. Mais,
puisqu'il faut vous répondre juste, notre pere
Layman le fera pour moi, en permettant le duel
en mots propres, pourvu qu'on dirige son intention à l'accepter seulement pour conserver
son honneur ou sa fortune. C'est au liv. 3, pag.
3, c. 3, n. 2 et 3, « Si un soldat à l'armée, ou
« un gentilhomme à la cour, se trouve en état

6.

« de perdre son honneur ou sa fortune, s'il
« n'accepte un duel, je ne vois pas que l'on
« puisse condamner celui qui le reçoit pour se
« défendre. » Petrus Hurtado dit la même chose
au rapport de notre célebre Escobar, au tr. 1,
ex. 7, n. 96 et 98, il ajoute ces paroles de Hurtado : « Qu'on peut se battre en duel pour défen-
« dre même son bien, s'il n'y a que ce moyen
« de le conserver ; parce que chacun a le droit
« de défendre son bien, et même par la mort
« de ses ennemis. » J'admirai sur ces passages
de voir que la piété du roi emploie sa puissance
à défendre et à abolir le duel dans ses états ;
et que la piété des jésuites occupe leur subti-
lité à le permettre et à l'autoriser dans l'église.
Mais le bon pere étoit si en train, qu'on lui
eût fait tort de l'arrêter, de sorte qu'il poursuivit ainsi : Enfin, dit-il, Sanchez (voyez un
peu quelles gens je vous cite !) passe outre. Car
il permet non-seulement de recevoir, mais encore d'offrir le duel, en dirigeant bien son intention. Et notre Escobar le suit en cela au
même lieu, n. 97. Mon pere, lui dis-je, je le
quitte si cela est ; mais je ne croirai jamais qu'il
l'ait écrit, si je ne le vois. Lisez-le donc vous-
même, me dit-il ; et je lus en effet ces mots
dans la Théologie morale de Sanchez, liv. 2,
c. 39, n. 7 : « Il est bien raisonnable de dire

« qu'un homme peut se battre en duel pour
« sauver sa vie, son honneur ou son bien en
« une quantité considérable, lorsqu'il est cons-
« tant qu'on les lui veut ravir injustement par
« des procès et des chicaneries, et qu'il n'y a
« que ce seul moyen de les conserver. Et Na-
« varrus dit fort bien qu'en cette occasion il
« est permis d'accepter et d'offrir le duel : *licet*
« *acceptare et offerre duellum*. Et aussi qu'on
« peut tuer en cachette son ennemi. Et même
« en ces rencontres-là on ne doit point user
« de la voie du duel, si on peut tuer en ca-
« chette son homme, et sortir par-là d'affaire.
« Car par ce moyen on évitera tout ensemble,
« et d'exposer sa vie dans un combat, et de
« participer au péché que notre ennemi com-
« mettroit par un duel. »

Voilà, mon pere, lui dis-je, un pieux guet-
appens : mais quoique pieux, il demeure toujours guet-appens, puisqu'il est permis de tuer
son ennemi en trahison. Vous ai-je dit, répliqua le pere, qu'on peut tuer en trahison ? Dieu
m'en garde. Je vous dis qu'on peut tuer en cachette, et delà vous concluez qu'on peut tuer
en trahison, comme si c'étoit la même chose.
Apprenez d'Escobar, tr. 6, ex. 4, n. 26, ce que
c'est que tuer en trahison, et puis vous parle-
rez. « On appelle tuer en trahison, quand on

« tue celui qui ne s'en défie en aucune ma-
« niere. Et c'est pourquoi celui qui tue son
« ennemi, n'est pas dit le tuer en trahison,
« quoique ce soit par derriere, ou dans une
« embuche : *licet per insidias, aut a tergo per-
« cutiat.* Et au même traité, n. 56 : Celui qui
« tue son ennemi avec lequel il s'étoit récon-
« cilié, sous promesse de ne plus attenter à sa
« vie, n'est pas absolument dit le tuer en tra-
« hison, à moins qu'il n'y eût entre eux une
« amitié bien étroite : *arctior amicitia.* »

Vous voyez par-là que vous ne savez pas seu-
lement ce que les termes signifient, et cependant vous parlez comme un docteur. J'avoue,
lui dis-je, que cela m'est nouveau ; et j'apprends
de cette définition, qu'on n'a peut-être jamais
tué personne en trahison. Car on ne s'avise
guere d'assassiner que ses ennemis. Mais,
quoi qu'il en soit, on peut donc, selon Sanchez,
tuer hardiment, je ne dis plus en trahison,
mais seulement par derriere, ou dans une embûche, un calomniateur qui nous poursuit en
justice ? Oui, dit le pere, mais en dirigeant
bien l'intention ; vous oubliez toujours le principal. Et c'est ce que Molina soutient aussi,
tom. 4, tr. 3, disp. 12. Et même, selon notre
docte Reginaldus, liv. 21, cap. 5, n. 57 : « On
« peut tuer aussi les faux témoins qu'il suscite

« contre nous. » Et enfin, selon nos grands et célebres peres Tannerus et Emmanuel Sa, on peut de même tuer et les faux témoins, et le juge, s'il est de leur intelligence. Voici ses mots, tr. 3, disp. 4, quest. 8, n. 83 : « Sotus, « dit-il, et Lessius disent qu'il n'est pas per- « mis de tuer les faux témoins et le juge qui « conspirent à faire mourir un innocent ; mais « Emmanuel Sa, et d'autres auteurs, ont rai- « son d'improuver ce sentiment-là, au moins « pour ce qui touche la conscience. » Et il con- firme encore, au même lieu, qu'on peut tuer et témoins et juge.

Mon pere, lui dis-je, j'entends maintenant assez bien votre principe de la direction d'in- tention ; mais j'en veux bien entendre aussi les conséquences, et tous les cas où cette mé- thode donne le pouvoir de tuer. Reprenons ceux que vous m'avez dits, de peur de mépri- se ; car l'équivoque seroit ici dangereuse. Il ne faut tuer que bien à propos, et sur bonne opi- nion probable. Vous m'avez donc assuré qu'en dirigeant bien son intention, on peut, selon vos peres, pour conserver son honneur, et mê- me son bien, accepter un duel, l'offrir quel- quefois, tuer en cachette un faux accusateur, et ses témoins avec lui, et encore le juge cor- rompu qui les favorise ; et vous m'avez dit aussi

que celui qui a reçu un soufflet, peut, sans se
venger, le réparer à coups d'épée. Mais, mon
pere, vous ne m'avez pas dit avec quelle mesure. On ne s'y peut guere tromper, dit le pere; car on peut aller jusqu'à le tuer. C'est ce
que prouve fort bien notre savant Henriquez,
l. 14, c. 10, n. 3, et d'autres de nos peres rapportés par Escobar, tr. 1, ex. 7, n. 48, en ces
mots : « On peut tuer celui qui a donné un
« soufflet, quoiqu'il s'enfuie, pourvu qu'on
« évite de le faire par haine ou par vengeance,
« et que par-là on ne donne pas lieu à des meur-
« tres excessifs et nuisibles à l'état. Et la rai-
« son en est, qu'on peut ainsi courir après son
« honneur, comme après du bien dérobé. Car
« encore que votre honneur ne soit pas entre
« les mains de votre ennemi, comme seroient
« des hardes qu'il vous auroit volées ; on peut
« néanmoins le recouvrer en la même maniere,
« en donnant des marques de grandeur et d'au-
« torité, et s'acquérant par-là l'estime des hom-
« mes. Et en effet, n'est-il pas véritable que
« celui qui a reçu un soufflet, est réputé sans
« honneur, jusques à ce qu'il ait tué son en-
« nemi ? » Cela me parut si horrible, que j'eus
peine à me retenir ; mais, pour savoir le reste, je le laissai continuer ainsi. Et même, dit-
il, on peut, pour prévenir un soufflet, tuer

celui qui le veut donner, s'il n'y a que ce moyen de l'éviter. Cela est commun dans nos peres. Par exemple, Azor, *Inst. mor.* part. 3, p. 105. (C'est encore l'un des 24 veillards.) « Est-il « permis à un homme d'honneur de tuer celui « qui lui veut donner un soufflet, ou un coup « de bâton ? Les uns disent que non ; et leur « raison est que la vie du prochain est plus pré-« cieuse que notre honneur : outre qu'il y a de « la cruauté à tuer un homme, pour éviter « seulement un soufflet. Mais les autres disent « que cela est permis ; et certainement je le « trouve probable, quand on ne peut l'éviter « autrement. Car sans cela l'honneur des in-« nocens seroit sans cesse exposé à la malice « des insolens. » Notre grand Filiutius, de mê-me, to. 2, tr. 29, c. 5, n. 50 ; et le P. Héreau, in 2, 2, dans ses écrits de l'Homicide ; Hur-tado de Mendoza, disp. 170, sect. 16, §. 137 ; et Bécan, *Som.* tom. 1, q. 64, *de Homicid.* Et nos peres Flahaut et Le Court, dans leurs écrits que l'université, dans sa 3e. requête, a rappor-tés tout au long pour les décrier, mais elle n'y a pas réussi, et Escobar, au même lieu, n. 48, disent tous les mêmes choses. Enfin cela est si généralement soutenu, que Lessius le décide comme une chose qui n'est contestée d'aucun casuiste, l. 2, c. 9, n. 76. Car il en apporte un grand nombre qui sont de cette opinion, et aucun qui soit contraire ; et même il allegue, n. 77, Pierre Navarre, qui, parlant généralement des affronts, dont il n'y en a point de plus sensible qu'un soufflet, déclare que, selon le consentement de tous les casuistes, *ex sententia omnium licet contumeliosum occidere, si aliter ea injuria arceri nequit.* En voulez-vous davantage ?

Je l'en remerciai, car je n'en avois que trop entendu. Mais pour voir jusqu'où iroit une si damnable doctrine, je lui dis : Mais, mon pere, ne sera-t-il point permis de tuer pour un peu moins? Ne sauroit-on diriger son intention, en sorte qu'on puisse tuer pour un démenti? Oui, dit le pere., et selon notre pere Baldelle, liv. 3, disp. 24, n. 24, rapporté par Escobar au même lieu, n. 49 : « Il est permis « de tuer celui qui vous dit, Vous avez menti, « si on ne peut le réprimer autrement. » Et on peut tuer de la même sorte pour des médisances, selon nos peres. Car Lessius, que le pere Héreau entre autres suit mot à mot, dit, au lieu déja cité : « Si vous tàchez de ruiner ma répu- « tation par des calomnies devant les person- « nes d'honneur, et que je ne puisse l'éviter « autrement qu'en vous tuant, le puis-je faire? « Oui, selon des auteurs modernes, et même

« encore que le crime que vous publiez soit vé-
« ritable, si toutefois il est secret, en sorte
« que vous ne puissiez le découvrir selon les
« voies de la justice. Et en voici la preuve. Si
« vous me voulez ravir l'honneur en me don-
« nant un soufflet, je puis l'empêcher par la
« force des armes : donc la même défense est
« permise, quand vous me voulez faire la mê-
« me injure avec la langue. De plus on peut
« empêcher les affronts : donc on peut empê-
« cher les médisances. Enfin l'honneur est plus
« cher que la vie. Or on peut tuer pour défen-
« dre sa vie : donc on peut tuer pour défendre
« son honneur. »

Voilà des argumens en forme. Ce n'est pas
là discourir, c'est prouver. Et enfin ce grand
Lessius montre au même endroit, n. 78, qu'on
peut tuer même pour un simple geste, ou un
signe de mépris. « On peut, dit-il, attaquer
« et ôter l'honneur en plusieurs manieres, dans
« lesquelles la défense paroît bien juste ; com-
« me si on veut donner un coup de bâton, ou
« un soufflet, ou si on veut nous faire affront
« par des paroles ou par des signes : *sive per*
« *signa.* »

O mon pere, lui dis-je, voilà tout ce qu'on
peut souhaiter pour mettre l'honneur à couvert : mais la vie est bien exposée, si, pour de

simples médisances, ou des gestes désobligeans, on peut tuer le monde en conscience. Cela est vrai, me dit-il; mais comme nos peres sont fort circonspects, ils ont trouvé à propos de défendre de mettre cette doctrine en usage en ces petites occasions. Car ils disent au moins, « qu'à peine doit-on la pratiquer: *prac-* « *tice vix probari potest.* » Et ce n'a pas été sans raison, la voici. Je la sais bien, lui dis-je; c'est parce que la loi de Dieu défend de tuer. Ils ne le prennent pas par-là, me dit le pere: ils le trouvent permis en conscience, et en ne regardant que la vérité en elle-même. Et pourquoi le défendent-ils donc? Écoutez-le, dit-il. C'est parce qu'on dépeupleroit un état en moins de rien, si on en tuoit tous les médisans. Apprenez-le de notre Reginaldus, liv. 21, n. 63, pag. 260: « Encore que cette opinion qu'on « peut tuer pour une médisance, ne soit pas « sans probabilité dans la théorie, il faut sui- « vre le contraire dans la pratique. Car il faut « toujours éviter le dommage de l'état dans la « maniere de se défendre. Or, il est visible « qu'en tuant le monde de cette sorte, il se « feroit un trop grand nombre de meurtres. » Lessius en parle de même au lieu déja cité. « Il « faut prendre garde que l'usage de cette ma- « xime ne soit nuisible à l'état; car alors il ne

« faut pas le permettre : *tunc enim non est per-*
« *mittendus.* »

Quoi, mon pere, ce n'est donc ici qu'une
défense de politique, et non pas de religion ?
Peu de gens s'y arrêteront, et sur-tout dans
la colere. Car il pourroit être assez probable
qu'on ne fait point de tort à l'état de le purger
d'un méchant homme. Aussi, dit-il, notre pere
Filiutius joint à cette raison-là une autre bien
considérable, tr. 29, c. 3, n. 51 : « C'est qu'on
« seroit puni en justice, en tuant le monde
« pour ce sujet. » Je vous le disois bien, mon
pere, que vous ne feriez jamais rien qui vaille,
tant que vous n'auriez point les juges de votre
côté. Les juges, dit le pere, qui ne pénetrent
pas dans les consciences, ne jugent que par
le dehors de l'action, au lieu que nous regar-
dons principalement à l'intention. Et de-là vient
que nos maximes sont quelquefois un peu différentes des leurs. Quoi qu'il en soit, mon
pere, il se conclut fort bien des vôtres, qu'en
évitant les dommages de l'état, on peut tuer
les médisans en sûreté de conscience, pourvu
que ce soit en sûreté de sa personne.

Mais, mon pere, après avoir si bien pourvu
à l'honneur, n'avez-vous rien fait pour le bien ?
Je sais qu'il est de moindre considération, mais
il n'importe. Il me semble qu'on peut bien

diriger son intention à tuer pour le conserver. Oui, dit le pere, et je vous en ai touché quelque chose qui vous a pu donner cette ouverture. Tous nos casuistes s'y accordent, et même on le permet, « encore que l'on ne craigne « plus aucune violence de ceux qui nous ôtent « notre bien, comme quand ils s'enfuient. » Azor, de notre Société, le prouve pag. 3, l. 2, c. 1, q. 20.

Mais, mon pere, combien faut-il que la chose vaille pour nous porter à cette extrémité? « Il « faut, selon Reginaldus, l. 21, c. 5, n. 66, « et Tannerus, in 22, disp. 4, q. 8, d. 4, n. 69, « que la chose soit de grand prix au jugement « d'un homme prudent. » Et Layman et Filiutius en parlent de même. Ce n'est rien dire, mon pere : où ira-t-on chercher un homme prudent, dont la rencontre est si rare, pour faire cette estimation? Que ne déterminent-ils exactement la somme? Comment, dit le pere, étoit-il si facile, à votre avis, de comparer la vie d'un homme et d'un chrétien à de l'argent? C'est ici où je veux vous faire sentir la nécessité de nos casuistes. Cherchez-moi, dans tous les anciens peres, pour combien d'argent il est permis de tuer un homme. Que vous diront-ils, sinon, *Non occides* : « Vous ne tuerez point? » Et qui a donc osé déterminer cette somme, répondis-je ? C'est, me dit-il, notre grand et incomparable Molina, la gloire de notre Société, qui, par sa prudence inimitable, l'a estimée « à « six ou sept ducats, pour lesquels il assure « qu'il est permis de tuer, encore que celui « qui les emporte s'enfuie. » C'est en son t. 4, tr. 3, disp. 16, d. 6. Et il dit de plus au même endroit : « Qu'il n'oseroit condamner d'aucun « péché un homme qui tue celui qui lui veut « ôter une chose de la valeur d'un écu, ou « moins : *Unius aurei, vel minoris adhuc va-* « *loris.* » Ce qui a porté Escobar à établir cette regle générale, n. 44, « que régulière- « ment on peut tuer un homme pour la valeur « d'un écu selon Molina. »

O mon pere ! d'où Molina a-t-il pu être éclairé pour déterminer une chose de cette importance, sans aucun secours de l'écriture, des conciles, ni des peres ? Je vois bien qu'il a eu des lumieres bien particulieres et bien éloignées de saint Augustin sur l'homicide, aussi bien que sur la grace. Me voici bien savant sur ce chapitre ; et je connois parfaitement qu'il n'y a plus que les gens d'église qui s'abstiendront de tuer ceux qui leur feront tort en leur honneur, ou en leur bien. Que voulez-vous dire, répliqua le pere ? Cela seroit-il raisonnable à votre avis, que ceux qu'on doit le plus respecter dans le monde , fussent seuls exposés à l'insolence des méchans? Nos peres ont prévenu ce désordre. Car Tannerus, tom. 2, d. 4, q. 8, d. 4, n. 76, dit : « Qu'il est per- « mis aux ecclésiastiques, et aux religieux mê- « mes , de tuer , pour défendre non-seulement « leur vie , mais aussi leur bien , ou celui de « leur communauté. » Molina qu'Escobar rap- porte , n. 43 ; Bécan, in 2, 2, t. 2, q. 7, *de Hom.* concl. 2, n. 5 ; Reginaldus , l. 21 , c. 5, n. 68 ; Layman , l. 3 , tr. 3 , p. 3 , c. 3 , n. 4 ; Lessius , l. 2 , c. 9 , d. 11 , n. 72 ; et les autres se servent tous des mêmes paroles.

Et même selon notre célebre P. Lamy, il est permis aux prêtres et aux religieux de préve- nir ceux qui les veulent noircir par des médi- sances, en les tuant pour les en empêcher. Mais c'est toujours en dirigeant bien l'intention. Voici ses termes , t. 5 , disp. 36 , n. 118. « Il « est permis à un ecclésiastique , ou à un reli- « gieux , de tuer un calomniateur , qui me- « nace de publier des crimes scandaleux de sa « communauté , ou de lui-même , quand il « n'y a que ce seul moyen de l'en empêcher , « comme s'il est prêt à répandre ses médisan- « ces , si on ne le tue promptement. Car en ce « cas , comme il seroit permis à ce religieux « de tuer celui qui lui voudroit ôter la vie ; il

« lui est permis aussi de tuer celui qui lui
« veut ôter l'honneur, ou celui de sa commu-
« nauté, de la même sorte qu'aux gens du
« monde. » Je ne savois pas cela, lui dis-je,
et j'avois cru simplement le contraire sans y
faire de réflexion, sur ce que j'avois oui dire,
que l'église abhorre tellement le sang, qu'elle
ne permet pas seulement aux juges ecclésiastiques d'assister aux jugemens criminels. Ne
vous arrêtez pas à cela, dit-il, notre pere Lamy prouve fort bien cette doctrine, quoique
par un trait d'humilité bienséant à ce grand
homme, il la soumette aux lecteurs prudens.
Et Caramuel, notre illustre défenseur, qui la
rapporte dans sa Théologie fondamentale, p.
543, la croit si certaine, qu'il soutient « que le
« contraire n'est pas probable : » et il en tire des
conclusions admirables, comme celle-ci qu'il
appelle « la conclusion des conclusions, *con-
clusionum conclusio :* « Qu'un prêtre non-seu-
« lement peut, en de certaines rencontres, tuer
« un calomniateur, mais encore qu'il y en a
« où il le doit faire : *etiam aliquando debet oc-
« cidere.* » Il examine plusieurs questions nouvelles sur ce principe ; par exemple celle-ci :
*Savoir si les jésuites peuvent tuer les jansé-
nistes ?* Voilà, mon pere, m'écriai-je, un point
de théologie bien surprenant ! et je tiens les

jansénistes déja morts par la doctrine du pere Lamy. Vous voilà attrapé, dit le pere : Caramuel conclut le contraire des mêmes principes. Et comment cela, mon pere ? Parce, me dit-il, qu'ils ne nuisent pas à notre réputation. Voici ses mots, n. 1146 et 1147, p. 547 et 548. « Les « jansénistes appellent les jésuites pélagiens : « pourra-t-on les tuer pour cela ? Non, d'au- « tant que les jansénistes n'obscurcissent non « plus l'éclat de la Société, qu'un hibou celui « du soleil ; au contraire, ils l'ont relevée, « quoique contre leur intention : *occidi non* « *possunt, quia nocere non potuerunt.* »

Hé quoi, mon pere, la vie des jansénistes dépend donc seulement de savoir s'ils nuisent à votre réputation ? Je les tiens peu en sûreté, si cela est. Car s'il devient tant soit peu probable qu'ils vous fassent tort, les voilà tuables sans difficulté. Vous en ferez un argument en forme ; et il n'en faut pas davantage avec une direction d'intention, pour expédier un homme en sûreté de conscience. O qu'heureux sont les gens qui ne veulent pas souffrir les injures, d'être instruits en cette doctrine ! Mais que malheureux sont ceux qui les offensent ! En vérité, mon pere, il vaudroit autant avoir à faire à des gens qui n'ont point de religion, qu'à ceux qui en sont instruits jusqu'à cette direction. Car enfin l'intention de celui qui blesse, ne soulage point celui qui est blessé. Il ne s'apperçoit point de cette direction secrette, et il ne sent que celle du coup qu'on lui porte. Et je ne sais même si on n'auroit pas moins de dépit de se voir tuer brutalement par des gens emportés, que de se sentir poignarder consciencieusement par des gens dévots.

Tout de bon, mon pere, je suis un peu surpris de tout ceci ; et ces questions du pere Lamy et de Caramuel ne me plaisent point. Pourquoi, dit le pere, êtes-vous janséniste ? J'en ai une autre raison, lui dis-je. C'est que j'écris de temps en temps à un de mes amis de la campagne ce que j'apprends des maximes de vos peres. Et quoique je ne fasse que rapporter simplement et citer fidèlement leurs paroles, je ne sais néanmoins s'il ne se pourroit pas rencontrer quelque esprit bizarre, qui, s'imaginant que cela vous fait tort, ne tirât de vos principes quelque méchante conclusion. Allez, me dit le pere, il ne vous en arrivera point de mal, j'en suis garant. Sachez que ce que nos peres ont imprimé eux-mêmes, et avec l'approbation de nos supérieurs, n'est ni mauvais, ni dangereux à publier.

Je vous écris donc sur la parole de ce bon

pere ; mais le papier me manque toujours , et non pas les passages. Car il y en a tant d'autres , et de si forts , qu'il faudroit des volumes pour tout dire. Je suis , etc.

HUITIEME LETTRE [1].

**Maximes corrompues des casuistes touchant les juges,
les usuriers, le contrat Mohatra, les banqueroutiers, les restitutions, etc. Diverses extravagances
des mêmes casuistes.**

De Paris, ce 28 mai 1656.

Monsieur,

Vous ne pensiez pas que personne eût la curiosité de savoir qui nous sommes ; cependant
il y a des gens qui essaient de le deviner, mais
ils rencontrent mal. Les uns me prennent pour
un docteur de Sorbonne : les autres attribuent
mes lettres à quatre ou cinq personnes, qui,
comme moi, ne sont ni prêtres, ni ecclésiastiques. Tous ces faux soupçons me font connoître que je n'ai pas mal réussi dans le dessein
que j'ai eu de n'être connu que de vous, et du
bon pere qui souffre toujours mes visites, et
dont je souffre toujours les discours quoiqu'a-
vec bien de la peine. Mais je suis obligé à me

1 Ce fut encore M. Nicole qui revit cette lettre.

contraindre ; car il ne les continueroit pas , s'il s'appercevoit que j'en fusse si choqué ; et ainsi je ne pourrois m'acquitter de la parole que je vous ai donnée , de vous faire savoir leur morale. Je vous assure que vous devez compter pour quelque chose la violence que je me fais. Il est bien pénible de voir renverser toute la morale chrétienne par des égaremens si étrangers , sans oser y contredire ouvertement. Mais après avoir tant enduré pour votre satisfaction , je pense qu'à la fin j'éclaterai pour la mienne , quand il n'aura plus rien à me dire. Cependant je me retiendrai autant qu'il me sera possible ; car plus je me tais , plus il me dit de choses. Il m'en apprit tant la derniere fois, que j'aurai bien de la peine à tout dire. Vous verrez des principes bien commodes pour ne point restituer. Car de quelque maniere qu'il pallie ses maximes, celles que j'ai à vous dire, ne vont en effet qu'à favoriser les juges corrompus , les usuriers , les banqueroutiers , les larrons , les femmes perdues et les sorciers, qui sont tous dispensés assez largement de restituer ce qu'ils gagnent chacun dans leur métier. C'est ce que le bon pere m'apprit par ce discours.

Dès le commencement de nos entretiens, me dit-il , je me suis engagé à vous expliquer les maximes de nos auteurs pour toutes sortes de conditions. Vous avez déja vu celles qui touchent les bénéficiers, les prêtres, les religieux, les domestiques et les gentilshommes; parcourons maintenant les autres, et commençons par les juges.

Je vous dirai d'abord une des plus importantes et des plus avantageuses maximes que nos perès aient enseignées en leur faveur. Elle est de notre savant Castro Palao, l'un de nos vingt-quatre vieillards. Voici ses mots : « Un « juge peut-il, dans une question de droit, « juger selon une opinion probable, en quit- « tant l'opinion la plus probable ? Oui, et « même contre son propre sentiment : *Imo « contra propriam opinionem.* » Et c'est ce que notre pere Escobar rapporte aussi au tr. 6, ex. 6, n. 45. O mon pere ! lui dis-je, voilà un beau commencement : les juges vous sont bien obligés : et je trouve bien étrange qu'ils s'opposent à vos probabilités, comme nous l'avons remarqué quelquefois, puisqu'elles leur sont si favorables. Car vous leur donnez par-là le même pouvoir sur la fortune des hommes, que vous vous êtes donné sur les consciences. Vous voyez, me dit-il, que ce n'est pas notre intérêt qui nous fait agir, nous n'avons eu égard qu'au repos de leurs consciences; et c'est à quoi notre grand Molina a si utilement travaillé, sur le sujet des présens qu'on leur fait. Car pour lever les scrupules qu'ils pourroient avoir d'en prendre en de certaines rencontres, il a pris le soin de faire le dénombrement de tous les cas où ils en peuvent recevoir en conscience, à moins qu'il n'y eût quelque loi particuliere qui le leur défendît. C'est en son t. 1, tr. 2, d. 88, n. 6. Les voici : « Les « juges peuvent recevoir des présens des par- « ties, quand ils les leur donnent ou par ami- « tié, ou par reconnoissance de la justice « qu'ils ont rendue, ou pour les porter à la « rendre à l'avenir, ou pour les obliger à pren- « dre un soin particulier de leur affaire, ou « pour les engager à les expédier prompte- « ment. » Notre savant Escobar en parle encore au tr. 6, ex. 6, n. 43, en cette sorte : « S'il y a plusieurs personnes qui n'aient pas « plus de droit d'être expédiés l'un que l'autre, « le juge qui prendra quelque chose de l'un, « à condition, *ex pacto*, de l'expédier le pre- « mier, péchera-t-il ? Non certainement, se- « lon Layman : car il ne fait aucune injure aux « autres selon le droit naturel, lorsqu'il accor- « de à l'un, par la considération de son pré- « sent, ce qu'il pouvoit accorder à celui qui « lui eût plu : et même étant également obligé « envers tous par l'égalité de leur droit, il le

« devient davantage envers celui qui lui fait ce
« don , qui l'engage à le préférer aux autres ;
« et cette préférence semble peuvoir être esti-
« mée pour de l'argent : *Quae obligatio vide-*
« *tur pretio aestimabilis.* »

Mon révérend pere , lui dis-je , je suis surpris de cette permission , que les premiers magistrats du royaume ne savent pas encore. Car
M. le premier président a apporté un ordre
dans le parlement , pour empêcher que certains
greffiers ne prissent de l'argent pour cette sorte
de préférence : ce qui témoigne qu'il est bien
éloigné de croire que cela soit permis à des
juges, et tout le monde a loué une réforma-
tion si utile à toutes les parties. Le bon pere
surpris de ce discours , me répondit : Dites-
vous vrai ? je ne savois rien de cela. Notre opinion n'est que probable , le contraire est probable aussi. En vérité , mon pere , lui dis-je ,
on trouve que M. le premier président a plus
que probablement bien fait , et qu'il a arrêté
par-là le cours d'une corruption publique , et
soufferte durant trop long-temps. J'en juge de
la même sorte , dit le pere ; mais passons cela ,
laissons les juges. Vous avez raison , lui dis-
je ; aussi bien ne reconnoissent-ils pas assez
ce que vous faites pour eux. Ce n'est pas cela ,
dit le pere ; mais c'est qu'il y a tant de choses

à dire sur tous, qu'il faut être court sur chacun.

Parlons maintenant des gens d'affaires. Vous savez que la plus grande peine qu'on ait avec eux, est de les détourner de l'usure, et c'est aussi à quoi nos peres ont pris un soin particulier; car ils détestent si fort ce vice, qu'Escobar dit au tr. 3, ex. 5, n. 1, « que de dire « que l'usure n'est pas péché, ce seroit une « hérésie. » Et notre pere Bauny, dans sa Somme des péchés, ch. 14, remplit plusieurs pages des peines dues aux usuriers. Il les déclare « infames durant leur vie, et indignes de « sépulture après leur mort. » O mon pere! je ne le croyois pas si sévere. Il l'est quand il le faut, me dit-il: mais aussi ce savant casuiste ayant remarqué qu'on n'est attiré à l'usure que par le desir du gain, il dit au même lieu: « L'on « n'obligeroit donc pas peu le monde, si le « garantissant des mauvais effets de l'usure, « et tout ensemble du péché qui en est la cau- « se, on lui donnoit le moyen de tirer autant « et plus de profit de son argent, par quelque « bon et légitime emploi, que l'on en tire des « usures. » Sans doute, mon pere, il n'y auroit plus d'usuriers après cela. Et c'est pourquoi, dit-il, il en a fourni une « méthode gé- « nérale pour toutes sortes de personnes; gen- « tilshommes, présidens, conseillers, etc. »

et si facile, qu'elle ne consiste qu'en l'usage
de certaines paroles qu'il faut prononcer en
prêtant son argent : ensuite desquelles on peut
en prendre du profit, sans craindre qu'il soit
usuraire, comme il est sans doute qu'il l'auroit
été autrement. Et quels sont donc ces termes
mystérieux, mon pere? Les voici, me dit-il,
et en mots propres; car vous savez qu'il a fait
son livre de la Somme des péchés en françois,
pour être entendu de tout le monde, comme il
le dit dans la préface. « Celui à qui on demande
« de l'argent répondra donc en cette sorte :
« Je n'ai point d'argent à prêter ; si ai bien à
« mettre à profit honnête et licite. Si desirez
« la somme que demandez pour la faire valoir
« par votre industrie à moitié gain, moitié
« perte, peut-être m'y résoudrai-je. Bien est
« vrai qu'à cause qu'il y a trop de peine à s'ac-
« commoder pour le profit, si vous m'en vou-
« lez assurer un certain, et quant et quant
« aussi mon sort principal, qu'il ne coure for-
« tune, nous tomberions bien plutôt d'accord,
« et vous ferai toucher argent dans cette heu-
« re. » N'est-ce pas là un moyen bien aisé de
gagner de l'argent sans pécher? Et le pere
Bauny n'a-t-il pas raison de dire ces paroles,
par lesquelles il conclut cette méthode. « Voi-
« là, à mon avis, le moyen par lequel quan-

« tité de personnes dans le monde , qui , par
« leurs usures , extorsions , et contrats illicites
« se provoquent la juste indignation de Dieu,
« se peuvent sauver en faisant de beaux, hon-
« nêtes et licites profits. »

O mon pere ! lui dis-je , voilà des paroles
bien puissantes. Sans doute elles ont quelque
vertu occulte pour chasser l'usure , que je n'entends pas : car j'ai toujours pensé que ce péché
consistoit à retirer plus d'argent qu'on n'en a
prêté. Vous l'entendez bien peu, me dit-il.
L'usure ne consiste presque , selon nos peres ,
qu'en l'intention de prendre ce profit comme
usuraire. Et c'est pourquoi notre pere Escobar
fait éviter l'usure par un simple détour d'intention. C'est au tr. 3 , ex. 5 , n. 4 , 33 , 34. « Ce
« seroit usure , dit-il , de prendre du profit de
« ceux à qui on prête, si on l'exigeoit comme
« dû par justice : mais si on l'exige comme dû
« par reconnoissance , ce n'est point usure. Et
« n. 3. Il n'est pas permis d'avoir l'intention
« de profiter de l'argent prêté immédiatement ;
« mais de le prétendre par l'entremise de la
« bienveillance de celui à qui on l'a prêté , ME-
« DIA BENEVOLENTIA , ce n'est point usure. »

Voilà de subtiles méthodes; mais une des
meilleures à mon sens (car nous en avons à choisir) c'est celle du contrat Mohatra. Le contrat

Mohatra, mon père! Je vois bien, dit-il, que vous ne savez ce que c'est. Il n'y a que le nom d'étrange. Escobar vous l'expliquera au tr. 3, ex. 3, n. 36. « Le contrat Mohatra est celui par le- « quel on achete des étoffes chèrement et à cré- « dit, pour les revendre au même instant à la mê- « me personne argent comptant et à bon mar- « ché. » Voilà ce que c'est que le contrat Mohatra : par où vous voyez qu'on reçoit une certai- ne somme comptant, en demeurant obligé pour davantage. Mais, mon pere, je crois qu'il n'y a jamais eu qu'Escobar qui se soit servi de ce mot-là : y a-t-il d'autres livres qui en parlent? Que vous savez peu les choses, me dit le pere. Le dernier livre de Théologie morale qui a été imprimé cette année même à Paris, parle du Mohatra, et doctement. Il est intitulé : « *Epilo-* « *gus Summarum.* C'est un abrégé de toutes les « Sommes de théologie, pris de nos peres Sua- « rez, Sanchez, Lessius, Fagundez, Hurtado « et d'autres casuistes célebres, » comme le titre le dit. Vous y verrez donc en la p. 54 : « Le « Mohatra est quand un homme, qui a affaire « de vingt pistoles, achete d'un marchand des « étoffes pour trente pistoles, payables dans un « an, et les lui revend à l'heure même pour « vingt pistoles comptant. » Vous voyez bien par-là que le Mohatra n'est pas un mot inoui.

Et bien, mon pere, ce contrat-là est-il permis?
Escobar, répondit le pere, dit au même lieu,
« qu'il y a des loix qui le défendent sous des
« peines très rigoureuses. » Il est donc inutile,
mon pere? Point du tout, dit-il : car Escobar
en ce même endroit donne des expédiens pour
le rendre permis. « Encore même, dit-il, que
« celui qui vend et rachete, ait pour inten-
« tion principale le dessein de profiter, pourvu
« seulement qu'en vendant il n'excede pas le
« plus haut prix des étoffes de cette sorte,
« et qu'en rachetant il n'en passe pas le moin-
« dre, et qu'on n'en convienne pas auparavant
« en termes exprès ni autrement. « Mais Lessius *De Just.* l. 2, c. 21, d. 16, dit, « qu'en-
« core même qu'on eût vendu dans l'intention
« de racheter à moindre prix, on n'est jamais
« obligé à rendre ce profit, si ce n'est peut-être
« par charité, au cas que celui de qui on l'exi-
« ge fût dans l'indigence, et encore pourvu
« qu'on le pût rendre sans s'incommoder ; »
Si commode potest. Voilà tout ce qui se peut
dire. En effet, mon pere, je crois qu'une plus
grande indulgence seroit vicieuse. Nos peres,
dit-il, savent si bien s'arrêter où il faut. Vous
voyez assez par-là l'utilité du Mohatra.

J'aurois bien encore d'autres méthodes à
vous enseigner ; mais celles-là suffisent, et j'ai

à vous entretenir de ceux qui sont mal dans leurs affaires. Nos peres ont pensé à les soulager selon l'état où ils sont. Car s'ils n'ont pas assez de bien pour subsister honnêtement, et tout ensemble pour payer leurs dettes, on leur permet d'en mettre une partie à couvert en faisant banqueroute à leurs créanciers. C'est ce que notre pere Lessius a décidé, et qu'Escobar confirme au tr. 3, ex. 2, n. 163. « Celui qui fait « banqueroute, peut-il en sûreté de conscience « retenir de ses biens autant qu'il est néces- « saire pour faire subsister sa famille avec hon— « neur, *ne indecore vivat?* Je soutiens qu'oui, « avec Lessius ; et même encore qu'il les eût « gagnés par des injustices, et des crimes con- « nus de tout le monde, *ex injustitia et noto- « rio delicto,* quoiqu'en ce cas il n'en puisse pas « retenir en une aussi grande quantité qu'au- « trement. » Comment, mon pere, par quelle étrange charité voulez-vous que ces biens de-. meurent plutôt à celui qui les a gagnés par ses voleries pour le faire subsister avec honneur, qu'à ses créanciers à qui ils appartiennent lé. gitimement ? On ne peut pas, dit le pere, contenter tout le monde, et nos peres ont pensé particulièrement à soulager ces misérables. Et c'est encore en faveur des indigens que notre grand Vasquez, cité par Castro Palao, tom. 1,

tr. 6, d. 6, p. 6, n. 12, dit, « que quand on
« voit un voleur résolu et prêt à voler une per-
« sonne pauvre, on peut, pour l'en détourner,
« lui assigner quelque personne riche en par-
« ticulier, pour le voler au lieu de l'autre. »
Si vous n'avez pas Vasquez, ni Castro Palao,
vous trouverez la même chose dans votre Escobar. Car, comme vous le savez, il n'a presque
rien dit qui ne soit pris de vingt - quatre des
plus célebres de nos peres. C'est au tr. 5, ex.
5, n. 120 : « La pratique de notre Société pour
« la charité envers le prochain. »

Cette charité est véritablement extraordinaire, mon pere, de sauver la perte de l'un par
le dommage de l'autre. Mais je crois qu'il faudroit la faire entiere, et que celui qui a donné
ce conseil seroit ensuite obligé en conscience
de rendre à ce riche le bien qu'il lui auroit fait
perdre. Point du tout, me dit-il, car il ne l'a
pas volé lui-même, il n'a fait que le conseiller
à un autre. Or écoutez cette sage résolution
de notre pere Bauny sur un cas qui vous étonnera donc encore bien davantage, et où vous
croiriez qu'on seroit beaucoup plus obligé de
restituer. C'est au ch. 13 de sa Somme. Voici ses propres termes françois. « Quelqu'un
« prie un soldat de battre son voisin, ou de
« brûler la grange d'un homme qui l'a offensé.

« On demande si, au défaut du soldat, l'autre
« qui l'a prié de faire tous ces outrages, doit
« réparer du sien le mal qui en sera issu. Mon
« sentiment est que non. Car à restitution nul
« n'est tenu, s'il n'a violé la justice. La viole-
« t-on quand on prie autrui d'une faveur ? Quel-
« que demande qu'on lui en fasse, il demeure
« toujours libre de l'octroyer ou de la nier. De
« quelque côté qu'il encline, c'est sa volonté
« qui l'y porte; rien ne l'y oblige que la bon-
« té, que la douceur et la facilité de son esprit.
« Si donc ce soldat ne répare le mal qu'il aura
« fait, il n'y faudra astreindre celui à la priere
« duquel il aura offensé l'innocent. » Ce passage pensa rompre notre entretien : car je fus sur
le point d'éclater de rire de la *bonté et douceur*
d'un brûleur de grange, et de ces étranges rai-
sonnemens, qui exemptent de restitution le
premier et véritable auteur d'un incendie, que
les juges n'exempteroient pas de la mort : mais
si je ne me fusse retenu, le bon pere s'en fût
offensé, car il parloit sérieusement, et me dit
ensuite du même air :

Vous devriez reconnoître par tant d'épreuves combien vos objections sont vaines ; cependant vous nous faites sortir par-là de notre
sujet. Revenons donc aux personnes incom-
modées, pour le soulagement desquelles nos

peres, comme entre autres Lessius, l. 2, c. 12, n. 12, assurent « qu'il est permis de déro- « ber non-seulement dans une extrême néces- « sité, mais encore dans une nécessité grave, « quoique non pas extrême. » Escobar le rap- porte aussi au tr. 1, ex. 9, n. 29. Cela est sur- prenant, mon pere : il n'y a guere de gens dans le monde qui ne trouvent leur nécessité grave, et à qui vous ne donniez par-là le pou- voir de dérober en sûreté de conscience. Et quand vous en réduiriez la permission aux seu- les personnes qui sont effectivemeut en cet é- tat, c'est ouvrir la porte à une infinité de lar- cins, que les juges puniroient nonobstant cet- te nécessité grave, et que vous devriez répri- mer à bien plus forte raison, vous qui devez maintenir parmi les hommes non-seulement la justice, mais encore la charité, qui est dé- truite par ce principe. Car enfin n'est-ce pas la violer, et faire tort à son prochain, que de lui faire perdre son bien pour en profiter soi-mê- me? C'est ce qu'on m'a appris jusqu'ici. Cela n'est pas toujours véritable, dit le pere ; car notre grand Molina nous a appris, t. 2, tr. 2, disp. 328, n. 8 : « Que l'ordre de la charité n'exige « pas qu'on se prive d'un profit, pour sauver « par-là son prochain d'une perte pareille. » C'est ce qu'il dit pour montrer ce qu'il avoit

entrepris de prouver en cet endroit-là. « Qu'on
« n'est pas obligé en conscience de rendre les
« biens qu'un autre nous auroit donnés, pour
« en frustrer ses créanciers. » Et Lessius qui
soutient la même opinion, la confirme par ce
même principe au livre 2, ch. 20, dist. 19, n.
168.

Vous n'avez pas assez de compassion pour
ceux qui sont mal à leur aise, nos peres ont
eu plus de charité que cela. Ils rendent justice
aux pauvres aussi - bien qu'aux riches. Je dis
bien davantage, ils la rendent même aux pécheurs. Car encore qu'ils soient fort opposés à
ceux qui commettent des crimes, néanmoins
ils ne laissent pas d'enseigner que les biens
gagnés par des crimes peuvent être légitimement retenus. C'est ce que Lessius enseigne
généralement, l. 2, c. 14, d. 8. « On n'est point,
« dit-il, obligé ni par la loi de nature, ni par
« les loix positives, *c'est-à-dire par aucune*
« *loi*, de rendre ce qu'on a reçu pour avoir
« commis une action criminelle, comme pour
« un adultere, encore même que cette action
« soit contraire à la justice. » Car, comme dit
encore Escobar en citant Lessius, tr. 1, ex. 8,
n. 59, « Les biens qu'une femme acquiert par
« l'adultere, sont véritablement gagnés par
« une voie illégitime, mais néanmoins la pos-

« session en est légitime : » *Quamvis mulier illicite acquirat, licite tamen retinet acquisita.* Et c'est pourquoi les plus célebres de nos peres décident formellement que ce qu'un juge prend d'une des parties qui a mauvais droit, pour rendre en sa faveur un arrêt injuste, et ce qu'un soldat reçoit pour avoir tué un homme, et ce qu'on gagne pour les crimes infames, peut être légitimement retenu. C'est ce qu'Escobar ramasse de nos auteurs, et qu'il assemble au tr. 3, ex. 1, num. 23, où il fait cette regle générale : « Les biens acquis par des voies honteu« ses, comme par un meurtre, une sentence « injuste, une action déshonnête, etc. sont lé« gitimement possédés, et on n'est point obli« gé à les restituer. » Et encore au tr. 5, ex. 5, n. 53 : « On peut disposer de ce qu'on re« çoit pour des homicides, des sentences in« justes, des péchés infames, etc. parce que « la possession en est juste, et qu'on acquiert « le domaine et la propriété des choses que « l'on y gagne. » O mon pere ! lui dis-je, je n'avois pas oui parler de cette voie d'acquérir ; et je doute que la justice l'autorise, et qu'elle prenne pour un juste titre l'assassinat, l'injustice et l'adultere. Je ne sais, dit le pere, ce que les livres de droit en disent : mais je sais bien que les nôtres, qui sont les véritables regles des consciences, en parlent comme moi. Il est vrai qu'ils en exceptent un cas auquel ils obligent à restituer. C'est « quand on a reçu de l'ar- « gent de ceux qui n'ont pas le pouvoir de dis- « poser de leur bien, tels que sont les enfans « de famille et les religieux. » Car notre grand Molina les en excepte au tom. 1, *De Just.* tr. 2, disp. 94. *Nisi mulier accepisset ab eo qui alienare non potest, ut a religioso et filio familias.* Car alors il faut leur rendre leur argent. Escobar cite ce passage au tr. 1, ex. 8, n. 59, et il confirme la même chose au tr. 3, ex. 1, n. 23.

Mon révérend pere, lui dis-je, je vois les religieux mieux traités en cela que les autres. Point du tout, dit le pere, n'en fait-on pas autant pour tous les mineurs généralement, au nombre desquels les religieux sont toute leur vie? Il est juste de les excepter. Mais, à l'égard de tous les autres, on n'est point obligé de leur rendre ce qu'on reçoit d'eux pour une mauvaise action. Et Lessius le prouve amplement au liv. 2 *de Just.* c. 14, d. 8, n. 52. « Car, « dit-il, une méchante action peut être esti- « mée pour de l'argent, en considérant l'avan- « tage qu'en reçoit celui qui la fait faire, et la « peine qu'y prend celui qui l'exécute : et c'est « pourquoi on n'est point obligé à restituer ce « qu'on reçoit pour la faire, de quelque nature

« qu'elle soit, homicide, sentence injuste, ac-
« tion sale (car ce sont les exemples dont il se
« sert dans toute cette matiere), si ce n'est
« qu'on eût reçu de ceux qui n'ont pas le pou-
« voir de disposer de leur bien. Vous direz
« peut - être que celui qui reçoit de l'argent
« pour un méchant coup, peche, et qu'ainsi
« il ne peut ni le prendre, ni le retenir. Mais
« je réponds qu'après que la chose est exécu-
« tée, il n'y a plus aucun péché ni à payer,
« ni à en recevoir le paiement. » Notre grand
Filiutius entre plus encore dans le détail de la
pratique. Car il marque « qu'on est obligé en
« conscience de payer différemment les ac-
« tions de cette sorte, selon les différentes con-
« ditions des personnes qui les commettent,
« & que les unes valent plus que les autres. »
C'est ce qu'il établit sur de solides raisons, au
tr. 31, c. 9, n, 231. *Occultae fornicariae debe-
tur pretium in conscientia, et multo majore ra-
tione, quam publicae. Copia enim quam occul-
ta facit mulier sui corporis, multo plus valet
quam ea quam publica facit meretrix ; nec ulla
est lex positiva quae reddat eam incapacem pre-
tii. Idem dicendum de pretio promisso virgini,
conjugatae, moniali, et cuicumque alii. Est enim
omnium eadem ratio.*

Il me fit voir ensuite, dans ses auteurs, des

choses de cette nature si infames, que je n'o-
serois les rapporter, et dont il auroit eu horreur lui-même (car il est bon-homme), sans
le respect qu'il a pour ses peres, qui lui fait
recevoir avec vénération tout ce qui vient de
leur part. Je me taisois cependant, moins par
le dessein de l'engager à continuer cette matiere, que par la surprise de voir des livres de
religieux pleins de décisions si horribles, si
injustes et si extravagantes tout ensemble. Il
poursuivit donc en liberté son discours, dont
la conclusion fut ainsi. C'est pour cela, dit-il,
que notre illustre Molina (je crois qu'après cela vous serez content), décide ainsi cette question : « Quand on a reçu de l'argent pour faire
« une méchante action, est-on obligé à le ren-
« dre ? Il faut distinguer, dit ce grand homme :
« si on n'a pas fait l'action pour laquelle on a
« été payé, il faut rendre l'argent ; mais si on
« l'a faite, on n'y est point obligé : *si non fe-
« cit hoc malum, tenetur restituere ; secus, si
« fecit.* » C'est ce qu'Escobar rapporte au tr.
3 , ex. 2 , n. 138.

Voilà quelques-uns de nos principes touchant
la restitution. Vous en avez bien appris aujour-
d'hui, je veux voir maintenant comment vous
en aurez profité. Répondez-moi donc. « Un
« juge qui a reçu de l'argent d'une des parties

« pour rendre un jugement en sa faveur, est-
« il obligé à le rendre? » Vous venez de me
dire que non, mon pere. Je m'en doutois bien,
dit-il; vous l'ai-je dit généralement? Je vous
ai dit qu'il n'est pas obligé de rendre, s'il a
fait gagner le procès à celui qui n'a pas bon
droit. Mais quand on a droit, voulez-vous qu'on
achete encore le gain de sa cause, qui est dû
légitimement? Vous n'avez pas de raison. Ne
comprenez-vous pas que le juge doit la justice,
et qu'ainsi il ne la peut pas vendre; mais qu'il
ne doit pas l'injustice, et qu'ainsi il peut en
recevoir de l'argent? Aussi tous nos principaux
auteurs, comme Molina, disp. 94 et 99; Reginaldus, liv. 10, n. 184, 185 et 187; Filiutius,
tr. 31, n. 220 et 228; Escobar, tr. 3, ex. 1, n.
21 et 23; Lessius, lib. 2, c. 14, d. 8, n. 52, enseignent tous uniformément: « Qu'un juge est
« bien obligé de rendre ce qu'il a reçu pour
« faire justice, si ce n'est qu'on le lui eût don-
« né par libéralité : mais qu'il n'est jamais obli-
« gé à rendre ce qu'il a reçu d'un homme en
« faveur duquel il a rendu un arrêt injuste. »

Je fus tout interdit par cette fantasque décision; et pendant que j'en considérois les pernicieuses conséquences, le pere me préparoit
une autre question, et me dit : Répondez donc
une autre fois avec plus de circonspection. Je

vous demande maintenant : « Un homme qui
« se mêle de deviner, est-il obligé de rendre
« l'argent qu'il a gagné par cet exercice ? » Ce
qu'il vous plaira, mon révérend pere, lui dis-
je. Comment ce qu'il me plaira? Vraiment vous
êtes admirable ! Il semble, de la façon que vous
parlez, que la vérité dépende de notre volonté.
Je vois bien que vous ne trouveriez jamais celle-ci de vous-même. Voyez donc résoudre cette
difficulté-là à Sanchez; mais aussi c'est Sanchez. Premièrement il distingue en sa Som. l.
2, c. 38, n. 94, 95 et 96 : « Si ce devin ne s'est
« servi que de l'astrologie et des autres moyens
« naturels, ou s'il a employé l'art diabolique.
« Car il dit qu'il est obligé de restituer en un
« cas, ét non pas en l'autre. » Diriez-vous bien
maintenant auquel? Il n'y a pas-là de difficulté, lui dis-je. Je vois bien, répliqua-t-il, ce
que vous voulez dire. Vous croyez qu'il doit
restituer au cas qu'il se soit servi de l'entremise des démons? Mais vous n'y entendez rien;
c'est tout au contraire. Voici la résolution de
Sanchez, au même lieu : « Si ce devin n'a pris
« la peine et le soin de savoir, par le moyen
« du diable, ce qui ne se pouvoit savoir autre-
« ment, *si nullam operam apposuit ut arte*
« *diaboli id sciret*, il faut qu'il restitue; mais
« s'il en a pris la peine, il n'y est point obli-

« gé. » Et d'où vient cela, mon pere? Ne l'entendez-vous pas, me dit-il? C'est parce qu'on peut bien deviner par l'art du diable, au lieu que l'astrologie est un moyen faux. Mais, mon pere, si le diable ne répond pas la vérité, car il n'est guere plus véritable que l'astrologie, il faudra donc que le devin restitue par la même raison? Non pas toujours, me dit - il. *Distinguo*, dit Sanchez sur cela. « Car si le de-
« vin est ignorant en l'art diabolique, *si sit ar-*
« *tis diabolicae ignarus*, il est obligé à resti-
« tuer : mais s'il est habile sorcier, et qu'il ait
« fait ce qui est en lui pour savoir la vérité, il
« n'y est point obligé; car alors la diligence
« d'un tel sorcier peut être estimée pour de
« l'argent : *diligentia a mago apposita est*
« *pretio aestimabilis.* » Cela est de bon sens, mon pere, lui dis - je, car voilà le moyen d'engager les sorciers à se rendre savans et experts en leur art, par l'espérance de gagner du bien légitimement, selon vos maximes, en servant fidèlement le public. Je crois que vous raillez, dit le pere; cela n'est pas bien. Car si vous parliez ainsi en des lieux où vous ne fussiez pas connu, il pourroit se trouver des gens qui prendroient mal vos discours, et qui vous reprocheroient de tourner les choses de la religion en raillerie. Je me défendrois fa-

cilement de ce reproche, mon pere. Car je crois
que si on prend la peine d'examiner le véritable sens de mes paroles, on n'en trouvera aucune qui ne marque parfaitement le contraire,
et peut-être s'offrira-t-il un jour, dans nos
entretiens, l'occasion de le faire amplement
paroître. Ho, ho! dit le pere, vous ne riez
plus. Je vous confesse, lui dis-je, que ce soup-
çon que je me voulusse railler des choses saintes, me seroit bien sensible, comme il seroit
bien injuste. Je ne le disois pas tout de bon,
repartit le pere; mais parlons plus sérieusement. J'y suis tout disposé si vous le voulez,
mon pere; cela dépend de vous. Mais je vous
avoue que j'ai été surpris de voir que vos peres
ont tellement étendu leurs soins à toutes sortes de conditions, qu'ils ont voulu même régler le gain légitime des sorciers. On ne sauroit, dit le pere, écrire pour trop de monde,
ni particulariser trop les cas, ni répéter trop
souvent les mêmes choses en différens livres.
Vous le verrez bien par ce passage d'un des
plus graves de nos peres. Vous le pouvez juger, puisqu'il est aujourd'hui notre pere provincial. C'est le révérend pere Cellot, en son
liv. 8 De la Hiérarch. c. 16, §. 2. « Nous sa-
« vons, dit-il, qu'une personne qui portoit
« une grande somme d'argent, pour la resti-

« tuer par ordre de son confesseur, s'étant ar-
« rêtée en chemin chez un libraire, et lui ayant
« demandé s'il n'y avoit rien de nouveau, *num
« quid novi?* il lui montra un nouveau livre de
« Théologie morale, et que, le feuilletant avec
« négligence, et sans penser à rien, il tomba
« sur son cas, et y apprit qu'il n'étoit point
« obligé à restituer : de sorte que s'étant dé-
« chargé du fardeau de son scrupule, et de-
« meurant toujours chargé du poids de son ar-
« gent, il s'en retourna bien plus léger en sa
« maison : *abjecta scrupuli sarcina, retento au-
« ri pondere, levior domum repetiit.* »

Et bien, dites-moi, après cela, s'il est utile
de savoir nos maximes? En rirez-vous maintenant? Et ne ferez-vous pas plutôt, avec le pere
Cellot, cette pieuse réflexion sur le bonheur de
cette rencontre? « Les rencontres de cette sorte
« sont en Dieu l'effet de sa providence, en l'an-
« ge gardien l'effet de sa conduite, et en ceux
« à qui elles arrivent, l'effet de leur prédesti-
« nation. Dieu, de toute éternité, a voulu que
« la chaîne d'or de leur salut dépendît d'un
« tel auteur, et non pas de cent autres qui di-
« sent la même chose; parce qu'il n'arrive pas
« qu'ils les rencontrent. Si celui-là n'avoit é-
« crit, celui-ci ne seroit pas sauvé. Conjurons
« donc, par les entrailles de Jésus-Christ, ceux

« qui blâment la multitude de nos auteurs , de
« ne leur pas envier les livres que l'élection
« éternelle de Dieu et le sang de Jésus-Christ
« leur a acquis. » Voilà de belles paroles , par
lesquelles ce savant homme prouve si solidement
cette proposition qu'il avoit avancée : « Com-
« bien il est utile qu'il y ait un grand nombre
« d'auteurs qui écrivent de la Théologie mo-
« rale : *quam utile sit de theologia morali mul-
« tos scribere.* »

Mon pere, lui dis-je, je remettrai à une autre fois à vous déclarer mon sentiment sur ce
passage ; et je ne vous dirai présentement autre chose, sinon que puisque vos maximes sont
si utiles , et qu'il est si important de les publier, vous devez continuer à m'en instruire.
Car je vous assure que celui à qui je les envoie,
les fait voir à bien des gens. Ce n'est pas que
nous ayons autrement l'intention de nous en
servir , mais c'est qu'en effet nous pensons
qu'il sera utile que le monde en soit bien informé. Aussi , me dit-il , vous voyez que je ne les
cache pas ; et pour continuer , je pourrai bien
vous parler la premiere fois des douceurs et des
commodités de la vie , que nos peres permet-
tent pour rendre le salut aisé et la dévotion facile ; afin qu'après avoir appris jusqu'ici ce qui
touche les conditions particulieres , vous appre-

niez ce qui est général pour toutes, et qu'ainsí il ne vous manque rien pour une parfaite instruction. Après que ce pere m'eut parlé de la sorte, il me quitta. Je suis, etc.

J'ai toujours oublié à vous dire, qu'il y a des Escobars de différentes impressions. Si vous en achetez, prenez de ceux de Lyon, où il y a à l'entrée une image d'un agneau, qui est sur un livre scellé de sept sceaux, ou de ceux de Bruxelles de 1651. Comme ceux-là sont les derniers, ils sont meilleurs et plus amples que ceux des éditions précédentes de Lyon, des années 1644 et 1646.

« Depuis tout ceci on en a imprimé une nouvelle
« édition à Paris chez Piget, plus exacte que toutes les
« autres. Mais on peut encore bien mieux apprendre
« les sentimens d'Escobar dans la grande Théologie mo-
« rale, imprimée à Lyon. »

NEUVIEME LETTRE [1].

De la fausse dévotion à la sainte Vierge que les jésuites ont introduite. Diverses facilités qu'ils ont inventées pour se sauver sans peine, et parmi les douceurs et les commodités de la vie. Leurs maximes sur l'ambition, l'envie, la gourmandise, les équivoques, les restrictions mentales, les libertés qui sont permises aux filles, les habits des femmes, le jeu, le précepte d'entendre la messe.

De Paris, ce 3 juillet 1656.

Monsieur,

Je ne vous ferai pas plus de compliment que le bon pere m'en fit la derniere fois que je le vis. Aussi-tôt qu'il m'apperçut, il vint à moi, et me dit en regardant dans un livre qu'il tenoit à la main : « Qui vous ouvriroit le paradis, « ne vous obligeroit-il pas parfaitement ? Ne « donneriez-vous pas des millions d'or pour en « avoir une clef, et entrer dedans quand bon « vous sembleroit ? Il ne faut point entrer en

[1] Le plan de cette lettre fut fourni à M. Pascal par M. Nicole.

« de si grand frais, en voici une, voire cent
« à meilleur compte. » Je ne savois si le bon
pere lisoit, ou s'il parloit de lui-même. Mais il
m'ôta de peine en disant : Ce sont les premieres
paroles d'un beau livre du pere Barry de notre
Société ; car je ne dis jamais rien de moi-même. Quel livre, lui dis-je, mon pere ? En voici
le titre, dit-il : « Le paradis ouvert à Philagie,
« par cent dévotions à la mere de Dieu, aisées
« à pratiquer. » Et quoi, mon pere, chacune
de ces dévotions aisées suffit pour ouvrir le
ciel ? Oui, dit-il, voyez-le encore dans la suite
des paroles que vous avez ouies : « Tout autant
« de dévotion à la mere de Dieu que vous trou-
« verez en ce livre, sont autant de clefs du ciel
« qui vous ouvriront le paradis tout entier,
« pourvu que vous les pratiquiez : » et c'est
pourquoi il dit dans la conclusion, « qu'il est
« content si on en pratique une seule. »

Apprenez m'en donc quelqu'une des plus faciles, mon pere. Elles le sont toutes, répondit-
il : par exemple, « saluer la sainte Vierge à la
« rencontre de ses images ; dire le petit cha-
« pelet des dix plaisirs de la Vierge ; prononcer
« souvent le nom de Marie ; donner commission
« aux anges de lui faire la révérence de notre
« part ; souhaiter de lui bâtir plus d'églises
« que n'ont fait tous les monarques ensemble ;

« lui donner tous les matins le bonjour, et
« sur le tard le bonsoir ; dire tous les jours
« l'*Ave Maria* en l'honneur du cœur de Marie. »
Et il dit que cette dévotion-là assure de plus,
d'obtenir le cœur de la Vierge. Mais mon pere, lui dis-je, c'est pourvu qu'on lui donne
aussi le sien? Cela n'est pas nécessaire, dit-il,
quand on est trop attaché au monde. Écoutez-
le : « Cœur pour cœur, ce seroit bien ce qu'il
« faut ; mais le vôtre est un peu trop attaché ,
« et tient un peu trop aux créatures : ce qui
« fait que je n'ose vous inviter à offrir aujour-
« d'hui ce petit esclave que vous appellez vo-
« tre cœur. » Et ainsi il se contente de l'*Ave
Maria*, qu'il avoit demandé. Ce sont les dévotions des pages 33 , 59, 145, 156 , 172 , 258 et
420 de la premiere édition. Cela est tout-à-fait
commode, lui dis-je, et je crois qu'il n'y aura
personne de damné après cela. Hélas! dit le pere, je vois bien que vous ne savez pas jusqu'où
va la dureté du cœur de certaines gens ! Il y en
a qui ne s'attacheroient jamais à dire tous les
jours ces deux paroles, *bonjour*, *bonsoir*, parce que cela ne se peut faire sans quelque ap-
plication de mémoire. Et ainsi il a fallu que le
pere Barry leur ait fourni des pratiques encore
plus faciles, « comme d'avoir jour et nuit un
« chapelet au bras en forme de brasselet ; ou de

« porter sur soi un rosaire, ou bien une ima-
« ge de la Vierge. » Ce sont-là les dévotions
des pages 14, 326 et 447. « Et puis dites que je
« ne vous fournis pas des dévotions faciles pour
« acquérir les bonnes graces de Marie, » comme dit le pere Barry, p. 106. Voilà, mon pere, lui dis-je, l'extrême facilité. Aussi, dit-il, c'est tout ce qu'on a pu faire, et je crois que cela suffira. Car il faudroit être bien misérable, pour ne vouloir pas prendre un moment en toute sa vie, pour mettre un chapelet à son bras, ou un rosaire dans sa poche, et assurer par-là son salut avec tant de certitude, que ceux qui en font l'épreuve n'y ont jamais été trompés, de quelque maniere qu'ils aient vécu, quoique nous conseillons de ne laisser pas de bien vivre. Je ne vous en rapporterai que l'exemple de la page 34, d'une femme qui pratiquant tous les jours la dévotion de saluer les images de la Vierge, vécut toute sa vie en péché mortel, et mourut enfin en cet état, et qui ne laissa pas d'être sauvée par le mérite de cette dévotion. Et comment cela, m'écriai-je? C'est, dit-il, que notre Seigneur la fit ressusciter exprès. Tant il est sûr qu'on ne peut périr, quand on pratique quelqu'une de ces dévotions.

En vérité, mon pere, je sais que les dévotions à la Vierge sont un puissant moyen pour le salut ; et que les moindres sont d'un grand mérite, quand elles partent d'un mouvement de foi et de charité, comme dans les saints qui les ont pratiquées. Mais de faire croire à ceux qui en usent sans changer leur mauvaise vie, qu'ils se convertiront à la mort, ou que Dieu les ressuscitera, c'est ce que je trouve bien plus propre à entretenir les pécheurs dans leurs désordres, par la fausse paix que cette confiance téméraire apporte, qu'à les en retirer par une véritable conversion que la grace seule peut produire. « Qu'importe, dit le pere, par où nous « entrions dans le paradis, moyennant que « nous y entrions, » comme dit sur un semblable sujet notre célebre pere Binet, qui a été notre provincial, en son excellent livre De la marque de prédestination, n. 31, pag. 130 de la 15e. édition : « Soit de bond ou de volée, « que nous en chaut-il, pourvu que nous pre« nions la ville de gloire, » comme dit encore ce pere au même lieu ? J'avoue, lui dis-je, que cela n'importe ; mais la question est de savoir si on y entrera. La Vierge, dit-il, en répond. Voyez-le dans les dernieres lignes du livre du pere Barry : « S'il arrivoit qu'à la mort l'ennemi « eût quelque prétention sur vous, et qu'il y « eût du trouble dans la petite république de « vos pensées, vous n'ayez qu'à dire que Marie

8.

« répond pour vous, et que c'est à elle qu'il faut
« s'adresser. »

Mais, mon pere, qui voudroit pousser cela,
vous embarrasseroit. Car enfin, qui nous a assuré que la Vierge en répond ? Le pere Barry,
dit-il, en répond pour elle, p. 465. « Quant
« au profit et bonheur qui vous en reviendra,
« je vous en réponds, et me rend pleige pour
« la bonne mere. » Mais, mon pere, qui répondra pour le pere Barry ? Comment, dit le
pere, il est de notre Compagnie. Et ne savez-
vous pas encore, que notre Société répond de
tous les livres de nos peres ? Il faut vous apprendre cela, il est bon que vous le sachiez. Il
y a un ordre dans notre Société, par lequel il
est défendu à toutes sortes de libraires, d'imprimer aucun ouvrage de nos peres sans l'approbation des théologiens de notre Compagnie,
et sans la permission de nos supérieurs. C'est
un règlement fait par Henri III, le 10 mai 1583,
et confirmé par Henri IV, le 20 décembre 1603,
et par Louis XIII, le 14 février 1612 : de sorte
que tout notre corps est responsable des livres
de chacun de nos peres. Cela est particulier à
notre Compagnie. Et de-là vient qu'il ne sort
aucun ouvrage de chez nous, qui n'ait l'esprit
de la Société. Voilà ce qu'il étoit à propos de
vous apprendre. Mon pere, lui dis-je, vous

m'avez fait plaisir, et je suis fâché seulement de ne l'avoir pas su plutôt. Car cette connoissance engage à avoir bien plus d'attention pour vos auteurs. Je l'eusse fait, dit-il, si l'occasion s'en fût offerte; mais profitez-en à l'avenir, et continuons notre sujet.

Je crois vous avoir ouvert des moyens d'assurer son salut assez faciles, assez sûrs et en assez grand nombre : mais nos peres souhaiteroient bien qu'on n'en demeurât pas à ce premier degré, où l'on ne fait que ce qui est exactement nécessaire pour le salut. Comme ils aspirent sans cesse à la plus grande gloire de Dieu, ils voudroient élever les hommes à une vie plus pieuse. Et parce que les gens du monde sont d'ordinaire détournés de la dévotion par l'étrange idée qu'on leur en a donnée, nous avons cru qu'il étoit d'une extrême importance de détruire ce premier obstacle. Et c'est en quoi le P. Le Moyne a acquis beaucoup de réputation par le livre de LA DÉVOTION AISÉE, qu'il a fait à ce dessein. C'est-là qu'il fait une peinture tout-à-fait charmante de la dévotion. Jamais personne ne l'a connue comme lui. Apprenez-le par les premieres paroles de cet ouvrage : « La vertu ne s'est encore montrée à « personne, on n'en a point fait de portrait qui « lui ressemble. Il n'y a rien d'étrange qu'il y

« ait eu si peu de presse à grimper sur son
« rocher. On en a fait une fâcheuse, qui n'ai-
« me que la solitude ; on lui a associé la dou-
« leur et le travail ; et enfin on l'a faite enne-
« mie des divertissemens et des jeux, qui sont
« la fleur de la joie et l'assaisonnement de la
« vie. » C'est ce qu'il dit, page 92.

Mais, mon pere, je sais bien au moins qu'il
y a de grands saints dont la vie a été extrêmement austere. Cela est vrai, dit-il ; mais aussi
« il s'est toujours vu des saints polis, et des
« dévots civilisés, » selon ce pere, pag. 191 ;
et vous verrez, p. 86, que la différence de leurs
mœurs vient de celle de leurs humeurs. Écoutez-le. « Je ne nie pas qu'il ne se voie des dé-
« vots qui sont pâles et mélancoliques de leur
« complexion, qui aiment le silence et la re-
« traite, et qui n'ont que du flegme dans les
« veines, et de la terre sur le visage. Mais il
« s'en voit assez d'autres qui sont d'une com-
« plexion plus heureuse, et qui ont abondance
« de cette humeur douce et chaude, et de ce
« sang benin et rectifié qui fait la joie. »
Vous voyez de-là que l'amour de la retraite
et du silence n'est pas commun à tous les dévots ; et que, comme je vous le disois, c'est
l'effet de leur complexion, plutòt que de la
piété. Au lieu que ces mœurs austeres dont

vous parlez, sont proprement le caractere d'un
sauvage et d'un farouche. Aussi vous les verrez placées entre les mœurs ridicules et bru-
tales d'un fou mélancolique, dans la descrip-
tion que le pere Le Moyne en a faite au 7ᵉ. livre de ses Peintures morales. En voici quelques
traits. « Il est sans yeux pour les beautés de
« l'art et de la nature. Il croiroit s'être chargé
« d'un fardeau incommode, s'il avoit pris quel-
« que matiere de plaisir pour soi. Les jours
« de fêtes il se retire parmi les morts. Il s'ai-
« me mieux dans un tronc d'arbre, ou dans
« une grotte, que dans un palais, ou sur un
« trône. Quant aux affronts et aux injures, il y
« est aussi insensible que s'il avoit des yeux et
« des oreilles de statue. L'honneur et la gloire
« sont des idoles qu'il ne connoît point, et
« pour lesquels il n'a point d'encens à offrir.
« Une belle personne lui est un spectre. Et
« ces visages impérieux et souverains, ces
« agréables tyrans qui font par-tout des escla-
« ves volontaires et sans chaines, ont le mê-
« me pouvoir sur ses yeux, que le soleil sur
« ceux des hiboux, etc. »

Mon révérend pere, je vous assure que si
vous ne m'aviez dit que le pere Le Moyne est
l'auteur de cette peinture, j'aurois dit que ç'eût
été quelque impie qui l'auroit faite à dessein de

tourner les saints en ridicule. Car si ce n'est-
là l'image d'un homme tout-à-fait détaché des
sentimens auxquels l'évangile oblige de renoncer, je confesse que je n'y entends rien. Voyez
donc, dit-il, combien vous vous y connoissez
peu, car ce sont-là « des traits d'un esprit foi-
« ble et sauvage, qui n'a pas les affections hon-
« nêtes et naturelles qu'il devroit avoir, » comme le pere Le Moyne le dit à la fin de cette des-
cription. C'est par ce moyen qu'il « enseigne
« la vertu et la philosophie chrétienne, » selon le dessein qu'il en avoit dans cet ouvrage,
comme il le déclare dans l'avertissement. Et en
effet on ne peut nier que cette méthode de traiter de la dévotion, n'agrée tout autrement au
monde, que celle dont on se servoit avant nous.
Il n'y a point de comparaison, lui dis-je, et je
commence à espérer que vous me tiendrez parole. Vous le verrez bien mieux dans la suite,
dit-il; je ne vous ai encore parlé de la piété
qu'en général. Mais pour vous faire voir en détail combien nos peres en ont ôté de peines,
n'est-ce pas une chose bien pleine de consolation pour les ambitieux, d'apprendre qu'ils peuvent conserver une véritable dévotion avec un
amour désordonné pour les grandeurs? Et quoi,
mon pere, avec quelque excès qu'ils les recher-
chent? Oui, dit-il; car ce ne seroit toujours

que péché véniel, à moins qu'on ne désirât les grandeurs pour offenser Dieu ou l'État plus commodément. Or les péchés véniels n'empêchent pas d'être dévot, puisque les plus grands saints n'en sont pas exempts. Écoutez donc Escobar, tr. 2, ex. 2, n. 17. « L'ambition , qui est « un appétit désordonné des charges et des « grandeurs, est de soi - même un péché vé- « niel : mais quand on desire ces grandeurs « pour nuire à l'État, ou pour avoir plus de com- « modité d'offenser Dieu , ces circonstances ex- « térieures le rendent mortel. »

Cela est assez commode , mon pere. Et n'est-ce pas encore , continua-t-il , une doctrine bien douce pour les avares , de dire, comme fait Escobar , au tr. 5 , ex. 5 , n. 154 : « Je sais que « les riches ne pechent point mortellement , « quand ils ne donnent point l'aumône de leur « superflu dans les grandes nécessités des pau- « vres : *scio in gravi pauperum necessitate di-* « *vites non dando superflua , non peccare mor-* « *taliter.* » En vérité , lui dis - je , si cela est , je vois bien que je ne me connois guere en péchés. Pour vous le montrer encore mieux , dit - il , ne pensez - vous pas que la bonne opinion de soi - même , et la complaisance qu'on a pour ses ouvrages , est un péché des plus dangereux? Et ne serez-vous pas bien surpris si je vous fais voir qu'encore même que cette bonne opinion soit sans fondement, c'est si peu un péché, que c'est au contraire un don de Dieu? Est-il possible, mon pere? Oui, dit-il, et c'est ce que nous a appris notre grand pere Garasse, dans son livre françois intitulé : *Somme des vérités capitales de la religion*, p. 2, p. 419. « C'est un effet, dit-il, de la justice « commutative, que tout travail honnête soit « récompensé ou de louange, ou de satisfac- « tion...... Quand les bons esprits font un ou- « vrage excellent, ils sont justement récompen- « sés par les louanges publiques. Mais quand « un pauvre esprit travaille beaucoup pour ne « rien faire qui vaille, et qu'il ne peut ainsi « obtenir des louanges publiques; afin que son « travail ne demeure pas sans récompense, « Dieu lui en donne une satisfaction person- « nelle, qu'on ne peut lui envier sans une in- « justice plus que barbare. C'est ainsi que Dieu, « qui est juste, donne aux grenouilles de la « satisfaction de leur chant. »

Voilà, lui dis-je, de belles décisions en fa- veur de la vanité, de l'ambition et de l'avarice. Et l'envie, mon pere, sera-t-elle plus difficile à excuser? Ceci est délicat, dit le pere. Il faut user de la distinction du pere Bauny, dans sa Somme des péchés. Car son sentiment, c. 7,

p. 123, de la 5e. et 6e. édition, est « que l'en-
« vie du bien spirituel du prochain est mor-
« telle, mais que l'envie du bien temporel n'est
« que vénielle. » Et par quelle raison, mon
pere? Écoutez-la, me dit-il. « Car le bien qui
« se trouve ès choses temporelles, est si mince,
« et de si peu de conséquence pour le ciel,
« qu'il est de nulle considération devant Dieu
« et ses saints. » Mais, mon pere, si ce bien
est si *mince* et de si petite considération, comment permettez-vous de tuer les hommes pour
le conserver? Vous prenez mal les choses, dit
le pere : on vous dit que le bien est de nulle
considération devant Dieu, mais non pas devant les hommes. Je ne pensois pas à cela, lui
dis-je, et j'espere que, par ces distinctions-là,
il ne restera plus de péchés mortels au monde.
Ne pensez pas cela, dit le pere, car il y en a
qui sont toujours mortels de leur nature, comme par exemple la paresse.

O mon pere! lui dis-je, toutes les commodités de la vie sont donc perdues? Attendez,
dit le pere, quand vous aurez vu la définition
de ce vice qu'Escobar en donne, tr. 2, ex. 2,
num. 81, peut-être en jugerez-vous autrement;
écoutez-la. « La paresse est une tristesse de
« ce que les choses spirituelles sont spirituel-
« les, comme seroit de s'affliger de ce que les

« sacremens sont la source de la grace. Et
« c'est un péché mortel. » O mon pere ! lui
dis-je, je ne crois pas que personne se soit jamais avisé d'être paresseux en cette sorte.
Aussi, dit le pere, Escobar dit ensuite, n.
105 : « J'avoue qu'il est bien rare que personne
« tombe jamais dans le péché de paresse. »
Comprenez-vous bien par-là combien il importe de bien définir les choses? Oui, mon
pere, lui dis-je, et je me souviens sur cela de
vos autres définitions de l'assassinat de guet-
apens, et des biens superflus. Et d'où vient,
mon pere, que vous n'étendez pas cette méthode à toute sorte de cas, pour donner à tous
les péchés des définitions de votre façon, afin
qu'on ne péchât plus en satisfaisant ses plaisirs?

Il n'est pas toujours nécessaire, me dit-il,
de changer pour cela les définitions des choses.
Vous l'allez voir sur le sujet de la bonne chere,
qui passe pour un des plus grands plaisirs de
la vie, et qu'Escobar permet en cette sorte,
n. 102, dans la Pratique selon notre Société.
« Est-il permis de boire et de manger tout son
« saoul sans nécessité, et pour la seule volupté?
« Oui certainement, selon Sanchez, pourvu que
« cela ne nuise point à la santé ; parce qu'il
« est permis à l'appétit naturel de jouir des
« actions qui lui sont propres : AN COMEDERE,

« *bibere usque ad satietatem absque necessitate*
« *ob solam voluptatem , sit peccatum ? Cum*
« *Sanctio negative respondeo, modo non obsit*
« *valetudini , quia licite potest appetitus na-*
« *turalis suis actibus frui.* » O mon pere ! lui
dis-je , voilà le passage le plus complet , et le
principe le plus achevé de toute votre morale ,
et dont on peut tirer d'aussi commodes conclusions. Et quoi ! la gourmandise n'est donc
pas même un péché véniel ! Non pas , dit-il ,
en la maniere que je viens de dire : mais elle
seroit péché véniel selon Escobar , n. 56 , « si
« sans aucune nécessité on se gorgeoit du boire
« et du manger jusqu'à vomir : *si quis se us-*
« *que ad vomitum ingurgitet.* »

Cela suffit sur ce sujet ; et je veux maintenant vous parler des facilités que nous avons
apportées pour faire éviter les péchés dans les
conversations et dans les intrigues du monde.
Une chose des plus embarrassantes qui s'y
trouve , est d'éviter le mensonge , et sur-tout
quand on voudroit bien faire accroire une chose
fausse. C'est à quoi sert admirablement notre
doctrine des équivoques , par laquelle « il est
« permis d'user de termes ambigus , en les
« faisant entendre en un autre sens qu'on ne
« les entend soi-même , » comme dit Sanchez ,
Op. mor. p. 2, l. 3, c. 6, n. 13. Je sais cela , mon

pere, lui dis-je. Nous l'avons tant publié, continua-t-il, qu'à la fin tout le monde en est instruit. Mais savez-vous bien comment il faut faire quand on ne trouve point de mots équivoques? Non, mon pere. Je m'en doutois bien, dit-il, cela est nouveau : c'est la doctrine des restrictions mentales. Sanchez la donne au même lieu : « On peut jurer, dit-il, qu'on n'a pas « fait une chose, quoiqu'on l'ait faite effecti- « vement, en entendant en soi-même, qu'on « ne l'a pas faite un certain jour, ou avant « qu'on fût né, ou en sous-entendant quel- « qu'autre circonstance pareille, sans que les « paroles dont on se sert, aient aucun sens « qui le puisse faire connoître. Et cela est fort « commode en beaucoup de rencontres, et est « toujours très juste quand cela est nécessaire « ou utile pour la santé, l'honneur, ou le bien. »

Comment, mon pere, et n'est-ce pas là un mensonge, et même un parjure? Non, dit le pere : Sanchez le prouve au même lieu, et notre pere Filiutius aussi, tr. 25, chapitre 11, n. 331; parce, dit-il, que c'est « l'intention qui « regle la qualité de l'action. » Et il y donne encore, n. 328, un autre moyen plus sûr d'éviter le mensonge. C'est qu'après avoir dit tout haut, *Je jure que je n'ai point fait cela*, on ajoute tout bas, *aujourd'hui :* ou qu'après avoir dit tout haut , *Je jure*, on dise tout bas , *que je dis*, et que l'on continue ensuite tout haut, *que je n'ai point fait cela*. Vous voyez bien que c'est dire la vérité. Je l'avoue , lui dis-je ; mais nous trouverions peut-être que c'est dire la vérité tout bas , et un mensonge tout haut : outre que je craindrois que bien des gens n'eussent pas assez de présence d'esprit pour se servir de ces méthodes. Nos peres , dit-il , ont enseigné au même lieu , en faveur de ceux qui ne sauroient pas user de ces restrictions , qu'il leur suffit pour ne point mentir , de dire simplement *qu'ils n'ont point fait* ce qu'ils ont fait , pourvu « qu'ils aient en général l'intention de « donner à leurs discours le sens qu'un habile « homme y donneroit. »

Dites la vérité, il vous est arrivé bien des fois d'être embarrassé manque de cette connoissance? Quelquefois, lui dis-je. Et n'avouerez-vous pas de même, continua-t-il, qu'il seroit souvent bien commode d'être dispensé en conscience de tenir de certaines paroles qu'on donne? Ce seroit, lui dis-je, mon pere, la plus grande commodité du monde ! Écoutez donc Escobar au tr. 3, ex. 3, n. 48, où il donne cette regle générale: « Les promesses n'obligent point, quand « on n'a point intention de s'obliger en les fai- « sant. Or il n'arrive guere qu'on ait cette in-

« tention, à moins que l'on les confirme par
« serment ou par contrat : de sorte que quand
« on dit simplement, Je le ferai, on entend
« qu'on le fera si l'on ne change de volonté ; car
« on ne veut pas se priver par-là de sa liberté. »
Il en donne d'autres que vous y pouvez voir
vous-même ; et il dit à la fin, « que tout cela est
« pris de Molina, et de nos autres auteurs :
« *Omnia ex Molina et aliis.* » Et ainsi on n'en
peut pas douter.

O mon pere ! lui dis-je, je ne savois pas que
la direction d'intention eût la force de rendre
les promesses nulles. Vous voyez, dit le pere,
que voilà une grande facilité pour le commerce
du monde. Mais ce qui nous a donné le plus de
peine, a été de régler les conversations entre
les hommes et les femmes ; car nos peres sont
plus réservés sur ce qui regarde la chasteté. Ce
n'est pas qu'ils ne traitent des questions assez
curieuses et assez indulgentes, et principalement pour les personnes mariées ou fiancées.
J'appris sur cela les questions les plus extraor-
dinaires qu'on puisse s'imaginer. Il m'en donna de quoi remplir plusieurs lettres : mais je ne
veux pas seulement en marquer les citations,
parce que vous faites voir mes lettres à toutes
sortes de personnes, et je ne voudrois pas donner l'occasion de cette lecture à ceux qui n'y

chercheroient que leur divertissement.

La seule chose que je puis vous marquer de ce qu'il me montra dans leurs livres, même françois, est ce que vous pouvèz voir dans la Somme des péchés du pere Bauny, p. 165, de certaines petites privautés qu'il y explique, pourvu qu'on dirige bien son intention, *comme à passer pour galant :* et vous serez surpris d'y trouver p. 148, un principe de morale touchant le pouvoir qu'il dit que les filles ont de disposer de leur virginité sans leurs parens ; voici ses termes : « Quand cela se fait du consentement « de la fille, quoique le pere ait sujet de s'en « plaindre, ce n'est pas néanmoins que ladite « fille, ou celui à qui elle s'est prostituée, lui « aient fait aucun tort, ou violé pour son égard « la justice : car la fille est en possession de sa « virginité, aussi-bien que de son corps ; elle « en peut faire ce que bon lui semble, à l'ex- « clusion de la mort, ou du retranchement de « ses membres. » Jugez par-là du reste. Je me souvins sur cela d'un passage d'un poëte païen, qui a été meilleur casuiste que ces peres ; puisqu'il a dit : «Que la virginité d'une fille ne lui « appartient pas toute entiere ; qu'une partie « appartient au pere, et l'autre à la mere, sans « lesquels elle n'en peut disposer même pour « le mariage. » Et je doute qu'il y ait aucun juge qui ne prenne pour une loi, le contraire de cette maxime du pere Bauny.

Voilà tout ce que je puis dire de tout ce que j'entendis, et qui dura si long-temps, que je fus obligé de prier enfin le pere de changer de matiere. Il le fit, et m'entretint de leurs règlemens pour les habits des femmes en cette sorte. Nous ne parlerons point, dit-il, de celles qui auroient l'intention impure ; mais pour les autres, Escobar dit au tr. 1, ex. 8, n. 5. « Si on « se pare sans mauvaise intention, mais seu- « lement pour satisfaire l'inclination naturelle « qu'on a à la vanité, *ob naturalem fastus in-* « *clinationem*, ou ce n'est qu'un péché véniel, « ou ce n'est point péché du tout. » Et le pere Bauny, en sa Somme des péchés, c. 46, page 1094, dit : « Que bien que la femme eût con- « noissance du mauvais effet que sa diligence « à se parer opéreroit et au corps et en l'ame de « ceux qui la contempleroient ornée de riches « et précieux habits, qu'elle ne pécheroit néan- « moins en s'en servant. » Et il cite entre autre notre pere Sanchez pour être du même avis.

Mais, mon pere, que répondent donc vos auteurs aux passages de l'écriture, qui parlent avec tant de véhémence contre les moindres choses de cette sorte ? Lessius, dit le pere, y a doctement satisfait, *De Just.* l. 4, c. 4, d. 14,

n. 114, en disant : « Que ces passages de l'é-
« criture n'étoient des préceptes qu'à l'égard
« des femmes de ce temps-là, pour donner par
« leur modestie un exemple d'édification aux
« païens. » Et d'où a-t-il pris cela, mon pere?
Il n'importe pas d'où il l'ait pris; il suffit que les
sentimens de ces grands hommes-là sont toujours probables d'eux-mêmes. Mais le P. Le
Moyne a apporté une modération à cette permission générale : car il ne le veut point du
tout souffrir aux vieilles : c'est dans sa Dévotion aisée, et entre autres pag. 127, 157, 163.
« La jeunesse, dit-il, peut être parée de droit
« naturel. Il peut être permis de se parer en
« un âge qui est la fleur et la verdure des ans.
« Mais il en faut demeurer là : le contre-temps
« seroit étrange de chercher des roses sur la
« neige. Ce n'est qu'aux étoiles qu'il appar-
« tient d'être toujours au bal, parce qu'elles
« ont le don de jeunesse perpétuelle. Le meil-
« leur donc en ce point seroit de prendre con-
« seil de la raison et d'un bon miroir ; de se
« rendre à la bienséance et à la nécessité, et
« de se retirer quand la nuit approche. » Cela
est tout-à-fait judicieux, lui dis-je. Mais, continua-t-il, afin que vous voyiez combien nos
peres ont eu soin de tout, je vous dirai que,
donnant permission aux femmes de jouer, et

voyant que cette permission leur seroit souvent inutile, si on ne leur donnoit aussi le moyen d'avoir de quoi jouer, ils ont établi une autre maxime en leur faveur, qui se voit dans Escobar au chap. du larcin, tr. 1, n. 13. « Une « femme, dit-il, peut jouer, et prendre pour « cela de l'argent à son mari. »

En vérité, mon pere, cela est bien achevé. Il y a bien d'autres choses néanmoins, dit le pere : mais il faut les laisser pour parler des maximes plus importantes, qui facilitent l'usage des choses saintes, comme par exemple, la maniere d'assister à la messe. Nos grands théologiens, Gaspard Hurtado, *De Sacr.* t. 2, d. 5, dist. 2, et Coninck. q. 83, a. 6, n. 197, ont enseigné sur ce sujet : « Qu'il suffit d'être « présent à la messe de corps, quoiqu'on soit « absent d'esprit; pourvu qu'on demeure dans « une contenance respectueuse extérieure- « ment. » Et Vasquez passe plus avant, car il dit : « Qu'on satisfait au précepte d'ouir la « messe encore même qu'on ait l'intention de « n'en rien faire. » Tout cela est aussi dans Escobar, tr. 1, ex. 11, num. 74 et 107, et encore au tr. 1, ex. 1, n. 116, où il l'explique par l'exemple de ceux qu'on mene à la messe par force, et qui ont l'intention expresse de ne la point entendre. Vraiment, lui dis-je, je ne le croirois jamais, si un autre me le disoit. En effet, dit-il, cela a quelque besoin de l'autorité de ces grands hommes ; aussi bien que ce que dit Escobar, au tr. 1, ex. 11, n. 31 : « Qu'une « méchante intention, comme de regarder des « femmes avec un desir impur, jointe à celle « d'ouir la messe comme il faut, n'empêche pas « qu'on n'y satisfasse : *Nec obest alia prava intentio, ut aspiciendi libidinose fœminas.*

Mais on trouve encore une chose commode dans notre savant Turrianus, *Select.* p. 2, d. 16, dub. 7 : « Qu'on peut ouir la moitié d'une « messe d'un prêtre, et ensuite une autre moi- « tié d'un autre, et même qu'on peut ouir d'a- « bord la fin de l'une, et ensuite le commen- « cement d'une autre. » Et je vous dirai de plus qu'on a permis encore « d'ouir deux moitiés de « messe en même-temps de deux différens prê- « tres, lorsque l'un commence la messe, quand « l'autre en est à l'élévation ; parce qu'on peut « avoir l'attention à ces deux côtés à la fois, « et que deux moitiés de messe font une messe « entiere : *duae medietates unam missam cons- tituunt.* » C'est ce qu'ont décidé nos peres Bauny, tr. 6, q. 9, p. 312 ; Hurtado, *De Sacr.* t. 2, *De Missa,* d. 5, diff. 4 ; Azorius, p. 1, l. 7, cap. 3, q. 3 ; Escobar, tr. 1, ex. 11, n. 73, dans le chapitre « De la Pratique pour ouir la messe selon notre Société. » Et vous verrez les conséquences qu'il en tire dans ce même livre, des éditions de Lyon, des années 1644 et 1646, en ces termes : « De-là je conclus que vous pou- « vez ouir la messe en très peu de temps : si « par exemple vous rencontrez quatre messes « à la fois qui soient tellement assorties, que « quand l'une commence, l'autre soit à l'évan- « gile, une autre à la consécration, et la der- « niere à la communion. » Certainement, mon pere, on entendra la messe dans Notre-Dame en un instant par ce moyen. Vous voyez donc, dit-il, qu'on ne pouvoit pas mieux faire pour faciliter la maniere d'ouir la messe.

Mais je veux vous faire voir maintenant comment on a adouci l'usage des sacremens, et surtout de celui de la pénitence? car c'est là où vous verrez la derniere bénignité de la conduite de nos peres : et vous admirerez que la dévotion qui étonnoit tout le monde, ait pu être traitée par nos peres avec une telle prudence, « qu'ayant abattu cet épouvantail que « les démons avoient mis à sa porte, *ils l'aient* « *rendue* plus facile que le vice, et plus aisée « que la volupté; *ensorte* que le simple vivre « est incomparablement plus mal aisé que le « bien vivre, » pour user des termes du pere Le Moyne, p. 244 et 291 de sa Dévotion aisée,

N'est-ce pas là un merveilleux changement? En vérité, lui dis-je, mon pere, je ne puis m'empêcher de vous dire ma pensée. Je crains que vous ne preniez mal vos mesures, et que cette indulgence ne soit capable de choquer plus de monde que d'en attirer. Car la messe, par exemple, est une chose si grande et si sainte, qu'il suffiroit pour faire perdre à vos auteurs toute créance dans l'esprit de plusieurs personnes, de leur montrer de quelle maniere ils en parlent. Cela est bien vrai, dit le pere, à l'égard de certaines gens : mais ne savez-vous pas que nous nous accommodons à toute sorte de personnes? Il semble que vous ayez perdu la mémoire de ce que je vous ai dit si souvent sur ce sujet. Je veux donc vous en entretenir la premiere fois à loisir, en différant pour cela notre entretien des adoucissemens de la confession. Je vous le ferai si bien entendre, que vous ne l'oublierez jamais. Nous nous séparâmes là-dessus ; et ainsi je m'imagine que notre premiere conversation sera de leur politique. Je suis, etc.

Depuis que j'ai écrit cette lettre, j'ai vu le livre du « Paradis ouvert par cent dévotions aisées à pratiquer, » par le P. Barry, et celui de « La Marque de prédestination, » par le P. Binet : ce sont des pieces dignes d'êtres vues.

DIXIEME LETTRE [1].

Adoucissemens que les jésuites ont apportés au sacrement de pénitence, par leurs maximes touchant la confession, la satisfaction, l'absolution, les occasions prochaines de pécher, la contrition et l'amour de Dieu.

De Paris, ce 2 août 1656.

Monsieur,

Ce n'est pas encore ici la politique de la Société, mais c'en est un des plus grands principes. Vous y verrez les adoucissemens de la confession, qui sont assurément le meilleur moyen que ces peres aient trouvé pour attirer tout le monde, et ne rebuter personne. Il falloit savoir cela avant que de passer outre. Et c'est pourquoi le pere trouva à propos de m'en instruire en cette sorte.

Vous avez vu, me dit-il, par tout ce que je vous ai dit jusques ici, avec quel succès nos peres ont travaillé à découvrir, par leurs lumieres, qu'il y a un grand nombre de choses

1 Cette lettre fut faite de concert avec M. Arnauld.

permises, qui passoient autrefois pour défendues; mais parce qu'il reste encore des péchés
qu'on n'a pu excuser, et que l'unique remede
en est la confession, il a été bien nécessaire
d'en adoucir les difficultés, par les voies que
j'ai maintenant à vous dire. Et ainsi, après
vous avoir montré dans toutes nos conversations précédentes, comment on a soulagé les
scrupules qui troubloient les consciences, en
faisant voir que ce qu'on croyoit mauvais ne
l'est pas; il reste à vous montrer en celle-ci la
maniere d'expier facilement ce qui est véritablement péché, en rendant la confession aussi
aisée qu'elle étoit difficile autrefois. Et par quel
moyen, mon pere? C'est, dit-il, par ces sub-
tilités admirables qui sont propres à notre Compagnie, et que nos peres de Flandre appellent,
dans l'Image de notre premier siecle, l. 3, or.
1, p. 401, et l. 1, c. 2, « de pieuses et saintes
« finesses, et un saint artifice de dévotion :
« *piam et religiosam calliditatem, et pietatis*
« *solertiam,* » au l. 3, c. 8. C'est par le moyen
de cés inventions « que les crimes s'expient au-
« jourd'hui *alacrius,* avec plus d'alégresse et
« d'ardeur qu'ils ne se commettoient autrefois ;
« ensorte que plusieurs personnes effacent leurs
« taches aussi promptement qu'ils les contrac-
« tent: *plurimi vix citius maculas contrahunt,*

« *quam eluunt,* » comme il est dit au même lieu. Apprenez - moi donc, je vous prie, mon pere, *ces finesses* si salutaires. Il y en a plu-sieurs, me dit-il; car comme il se trouve beau-coup de choses pénibles dans la confession, on a apporté des adoucissemens à chacune. Et par-ce que les principales peines qui s'y rencon-trent, sont la honte de confesser de certains péchés, le soin d'en exprimer les circonstances, la pénitence qu'il en faut faire, la résolution de n'y plus tomber, la fuite des occasions pro-chaines qui y engagent, et le regret de les avoir commis; j'espere vous montrer aujourd'hui qu'il ne reste presque rien de fâcheux en tout cela, tant on a eu soin d'ôter toute l'amertume et toute l'aigreur d'un remede si nécessaire.

Car pour commencer par la peine qu'on a de confesser de certains péchés, comme vous n'i-gnorez pas qu'il est souvent assez important de se conserver dans l'estime de son confes-seur, n'est-ce pas une chose bien commode de permettre, comme font nos peres, et entre au-tres Escobar, qui cite encore Suarez, tr. 7, a. 4, n. 135, « d'avoir deux confesseurs, l'un pour « les péchés mortels, et l'autre pour les véniels, « afin de se maintenir en bonne réputation au-« près de son confesseur ordinaire, *ut bonam* « *famam apud ordinarium tueatur,* pourvu

« qu'on ne prenne pas de-là occasion de de-
« meurer dans le péché mortel. » Et il donne
ensuite un autre subtil moyen pour se confesser d'un péché, même à son confesseur ordinaire, sans qu'il s'apperçoive qu'on l'a commis
depuis la derniere confession. « C'est, dit-il,
« de faire une confession générale, et de con-
« fondre ce dernier péché avec les autres dont
« on s'accuse en gros. » Il dit encore la même
chose, princ. ex. 2, n. 73. Et vous avouerez,
je m'assure, que cette décision du pere Bauny,
Theol. mor. tr. 4, q. 15, p. 137, soulage encore bien la honte qu'on a de confesser ses
rechûtes : « Que, hors de certaines occasions,
« qui n'arrivent que rarement, le confesseur
« n'a pas droit de demander si le péché dont
« on s'accuse est un péché d'habitude, et qu'on
« n'est pas obligé de lui répondre sur cela ;
« parce qu'il n'a pas droit de donner à son
« pénitent la honte de déclarer ses rechûtes
« fréquentes. »

Comment, mon pere ? j'aimerois autant dire
qu'un médecin n'a pas droit de demander à son
malade s'il y a long-temps qu'il a la fievre. Les
péchés ne sont-ils pas tous différens selon ces
différentes circonstances ? et le dessein d'un
véritable pénitent ne doit-il pas être d'exposer
tout l'état de sa conscience à son confesseur,

avec la même sincérité et la même ouverture de cœur que s'il parloit à Jésus-Christ, dont le prêtre tient la place? Or, n'est-on pas bien éloigné de cette disposition, quand on cache ses rechûtes fréquentes, pour cacher la grandeur de son péché? Je vis le bon pere embarrassé là-dessus : de sorte qu'il pensa à éluder cette difficulté, plutôt qu'à la résoudre, en m'apprenant une autre de leurs regles, qui établit seulement un nouveau désordre, sans justifier en aucune sorte cette décision du pere Bauny, qui est à mon sens une de leurs plus pernicieuses maximes, et des plus propres à entretenir les vicieux dans leurs mauvaises habitudes. Je demeure d'accord, me dit-il, que l'habitude augmente la malice du péché, mais elle n'en change pas la nature : et c'est pourquoi on n'est pas obligé à s'en confesser, selon la regle de nos peres, qu'Escobar rapporte, princ. ex. 2, n. 39: «Qu'on « n'est obligé de confesser que les circonstan- « ces qui changent l'espece du péché, et non « pas celles qui l'aggravent. »

C'est selon cette regle que notre pere Granados dit, *in 5 part.* cont. 7, t. 9, d. 9, n. 22, « Que si on a mangé de la viande en carême, « il suffit de s'accuser d'avoir rompu le jeûne, « sans dire si c'est en mangeant de la viande, « ou en faisant deux repas maigres. » Et selon

notre pere Reginaldus , tr. 1, l. 6, c. 4 , n. 114 :
« Un devin qui s'est servi de l'art diaboli-
« que , n'est pas obligé à déclarer cette cir-
« constance ; mais il suffit de dire qu'il s'est
« mêlé de deviner , sans exprimer si c'est par
« la chiromancie , ou par un pacte avec le dé-
« mon. » Et Fagundez, de notre Société , p.
2 , l. 4, c. 3 , n. 17, dit aussi : « Le rapt n'est
« pas une circonstance qu'on soit tenu de dé-
« couvrir , quand la fille y a consenti. » Notre
pere Escobar rapporte tout cela au même lieu,
n. 41, 61 , 62 , avec plusieurs autres décisions
assez curieuses des circonstances qu'on n'est
pas obligé de confesser. Vous pouvez les y voir
vous-même. Voilà, lui dis-je , des *artifices de
dévotion* bien accommodans.

Tout cela néanmoins , dit il , ne seroit rien ,
si on n'avoit de plus adouci la pénitence , qui
est une des choses qui éloignoit davantage de
la confession. Mais maintenant les plus déli-
cats ne la sauroient plus appréhender , après
ce que nous avons soutenu dans nos theses du
college de Clermont : « Que si le confesseur im-
« pose une pénitence convenable , *convenien-
« tem ,* et qu'on ne veuille pas néanmoins l'ac-
« cepter , on peut se retirer en renonçant à
« l'absolution et à la pénitence imposée. » Et
Escobar dit encore dans la Pratique de la

pénitence, selon notre Société, tr. 7, **ex.** 4, n. 188 : « Que si le pénitent déclare qu'il veut
« remettre à l'autre monde à faire pénitence,
« et souffrir en purgatoire toutes les peines
« qui lui sont dues, alors le confesseur doit lui
« imposer une pénitence bien légere pour l'in-
« tégrité du sacrement, et principalement s'il
« reconnoît qu'il n'en accepteroit pas une plus
« grande. » Je crois, lui dis-je, que si cela
étoit, on ne devroit plus appeller la confession
le sacrement de pénitence. Vous avez tort,
dit il; car au moins on en donne toujours quelqu'une pour la forme. Mais, mon pere, jugez-
vous qu'un homme soit digne de recevoir l'absolution, quand il ne veut rien faire de pénible pour expier ses offenses? Et quand des personnes sont en cet état, ne devriez-vous pas
plutôt leur retenir leurs péchés, que de les leur
remettre? Avez-vous l'idée véritable de l'étendue de votre ministere, et ne savez-vous pas
que vous y exercez le pouvoir de lier et de dé-
lier? Croyez-vous qu'il soit permis de donner
l'absolution indifféremment à tous ceux qui la
demandent, sans reconnoître auparavant si Jésus-Christ délie dans le ciel ceux que vous dé-
liez sur la terre? Hé quoi, dit le pere, pensez-
vous que nous ignorions « que le confesseur
« doit se rendre juge de la disposition de son

« pénitent ; tant parce qu'il est obligé de ne
« pas dispenser les sacremens à ceux qui en
« sont indignes, Jésus-Christ lui ayant ordon-
« né d'être dispensateur fidele , et de ne pas
« donner les choses saintes aux chiens ; que
« parce qu'il est juge , et que c'est le devoir
« d'un juge de juger justement, en déliant
« ceux qui en sont dignes, et liant ceux qui
« en sont indignes, et aussi parce qu'il ne doit
« pas absoudre ceux que Jésus-Christ condam-
« ne ? » De qui sont ces paroles-là , mon pere ?
De notre pere Filiutius , répliqua-t-il, to. 1 ,
tr. 7 , n. 354. Vous me surprenez , lui dis-je ;
je les prenois pour être d'un des peres de l'é-
glise. Mais , mon pere , ce passage doit bien
étonner les confesseurs , et les rendre bien circonspects dans la dispensation de ce sacrement,
pour reconnoître si le regret de leurs pénitens
est suffisant , et si les promesses qu'ils donnent
de ne plus pécher à l'avenir sont recevables.
Cela n'est point du tout embarrassant , dit le
pere : Filiutius n'avoit garde de laisser les confesseurs dans cette peine ; et c'est pourquoi ,
ensuite de ces paroles , il leur donne cette méthode facile pour en sortir. « Le confesseur peut
« aisément se mettre en repos touchant la dis-
« position de son pénitent. Car s'il ne donne
« pas des signes suffisans de douleur, le con-

« fesseur n'a qu'à lui demander s'il ne déteste
« pas le péché dans son ame, et s'il répond
« que oui, il est obligé de l'en croire. Et il
« faut dire la même chose de la résolution pour
« l'avenir, à moins qu'il y eût quelque obli-
« gation de restituer, ou de quitter quelque
« occasion prochaine. » Pour ce passage, mon
pere, je vois bien qu'il est de Filiutius. Vous
vous trompez, dit le pere : car il a pris tout
cela mot à mot de Suarez, in 3. par. to. 4, disp.
32, sect. 2, n. 2. Mais, mon pere, ce dernier
passage de Filiutius détruit ce qu'il avoit établi
dans le premier. Car les confesseurs n'auront
plus le pouvoir de se rendre juges de la disposition de leurs pénitens, puisqu'ils sont obligés de les en croire sur leur parole, lors même qu'ils ne donnent aucun signe suffisant de
douleur. Est-ce qu'il y a tant de certitude dans
ces paroles qu'on donne, que ce seul signe soit
convaincant ? Je doute que l'expérience ait fait
connoître à vos peres, que tous ceux qui leur
font ces promesses les tiennent, et je suis trompé s'ils n'éprouvent souvent le contraire. Cela
n'importe, dit le pere ; on ne laisse pas d'obliger toujours les confesseurs à les croire. Car le
P. Bauny, qui a traité cette question à fond
dans sa Somme des péchés, c. 46, p. 1090,
1091 et 1092, conclut « que toutes les fois que

« ceux qui récidivent souvent, sans qu'on y
« voie aucun amendement, se présentent au
« confesseur, et lui disent qu'ils ont regret du
« passé, et bon dessein pour l'avenir, il les en
« doit croire sur ce qu'ils le disent, quoiqu'il
« soit à présumer telles résolutions ne passer
« pas le bout des levres. Et quoiqu'ils se por-
« tent ensuite avec plus de liberté et d'excès
« que jamais dans les mêmes fautes, on peut
« néanmoins leur donner l'absolution selon
« mon opinion. » Voilà, je m'assure, tous vos
doutes bien résolus.

Mais, mon pere, lui dis-je, je trouve que
vous imposez une grande charge aux confesseurs, en les obligeant de croire le contraire
de ce qu'ils voient. Vous n'entendez pas cela,
dit-il; on veut dire par-là qu'ils sont obligés
d'agir et d'absoudre, comme s'ils croyoient
que cette résolution fût ferme et constante,
encore qu'ils ne le croient pas en effet. Et c'est
ce que nos peres Suarez et Filiutius expliquent
ensuite des passages de tantôt. Car après avoir
dit « que le prêtre est obligé de croire son pé-
« nitent sur sa parole, » ils ajoutent « qu'il
« n'est pas nécessaire que le confesseur se per-
« suade que la résolution de son pénitent s'exé-
« cutera, ni qu'il le juge même probablement;
« mais il suffit qu'il pense qu'il en a à l'heure

« même le dessein en général , quoiqu'il doive
« retomber en bien peu de temps. Et c'est ce
« qu'enseignent tous nos auteurs, » *ita docent
omnes autores.* Douterez·vous d'une chose que
nos auteurs enseignent? Mais, mon pere, que
deviendra donc ce que le pere Pétau a été obligé de reconnoître lui-même dans la préf. de la
Pén. publ. pag. 4. « Que les saints peres, les
« docteurs, et les conciles sont d'accord, com-
« me d'une vérité certaine, que la pénitence
« qui prépare à l'Eucharistie, doit être véri-
« table, constante, courageuse, et non pas
« lâche et endormie, ni sujette aux rechûtes
« et aux reprises? » Ne voyez-vous pas, dit-
il, que le pere Pétau parle de l'*ancienne église?*
Mais cela est maintenant si *peu de saison*, pour
user des termes de nos peres, que, selon le pere
Bauny, le contraire est seul véritable ; c'est au
tr. 4. q. 15. p. 95. « Il y a des auteurs qui di-
« sent qu'on doit refuser l'absolution à ceux
« qui retombent souvent dans les mêmes pé-
« chés, et principalement lorsqu'après les avoir
« plusieurs fois absous , il n'en paroît aucun
« amandement : et d'autres disent que non.
« Mais la seule véritable opinion est qu'il ne
« faut point leur refuser l'absolution : et en-
« core qu'ils ne profitent point de tous les avis
« qu'on leur a souvent donnés, qu'ils n'aient

« pas gardé les promesses qu'ils ont faites de
« changer de vie, qu'ils n'aient pas travaillé à
« se purifier, il n'importe : et quoi qu'en disent
« les autres, la véritable opinion, et laquelle
« on doit suivre, est que, même en tous ces
« cas, on les doit absoudre. » Et tr. 4, q. 22,
pag. 100. « Qu'on ne doit ni refuser, ni diffé-
« rer l'absolution à ceux qui sont dans des pé-
« chés d'habitude contre la loi de Dieu, de
« nature, et de l'église, quoi qu'on n'y voie
« aucune espérance d'amendement : » *Etsi
emendationis futurae nulla spes appareat.*

Mais, mon pere, lui dis-je, cette assurance
d'avoir toujours l'absolution, pourroit bien
porter les pécheurs.... Je vous entends, dit-il,
en m'interrompant ; mais écoutez le pere Bauny, q. 15. « On peut absoudre celui qui avoue
« que l'espérance d'être absous l'a porté à pé-
« cher avec plus de facilité qu'il n'eût fait sans
« cette espérance. » Et le pere Caussin défendant cette proposition, dit, pag. 211 de sa
Rép. à la Théol. mor. « Que si elle n'étoit vé-
« ritable, l'usage de la confession seroit inter-
« dit à la plupart du monde ; et qu'il n'y auroit
« plus d'autre remede aux pécheurs, qu'une
« branche d'arbre et une corde. » O mon pere,
que ces maximes-là attireront de gens à vos
confessionnaux ! Aussi, dit-il, vous ne sauriez

croire combien il y en vient : « nous sommes
« accablés et comme opprimés sous la foule de
« nos pénitens , » *pœnitentium numero obrui-*
mur , comme il est dit en l'Image de notre premier siecle , l. 3, c. 8. Je sais, lui dis-je , un
moyen facile de vous décharger de cette presse. Ce seroit seulement, mon pere , d'obliger
les pécheurs à quitter les occasions prochaines :
vous vous soulageriez assez par cette seule invention. Nous ne cherchons pas ce soulagement, dit-il ; au contraire : car comme il est
dit dans le même livre , l. 3 , c. 7 , pag. 374 :
« Notre Société a pour but de travailler à éta-
« blir les vertus , de faire la guerre aux vices ,
« et de servir un grand nombre d'ames. » Et
comme il y a peu d'ames qui veuillent quitter
les occasions prochaines, on a été obligé de
définir ce que c'est qu'occasion prochaine ;
comme on voit dans Escobar, en la Pratique
de notre Société , tr. 7 , ex. 4 , n. 226. « On
« n'appelle pas occasion prochaine celle où
« l'on ne peche que rarement, comme de pé-
« cher par un transport soudain avec celle avec
« qui on demeure, trois ou quatre fois par
« an ; » ou , selon le pere Bauny, dans son livre
françois, une ou deux fois par mois, p. 1082;
et encore pag. 1089, où il demande « ce qu'on
« doit faire entre les maîtres et servantes ,

« cousins et cousines qui demeurent ensem-
« ble, et qui se portent mutuellement à pé-
« cher par cette occasion. » Il les faut séparer,
lui dis-je. C'est ce qu'il dit aussi, « si les re-
« chûtes sont fréquentes, et presque journa-
« lieres : mais s'ils n'offensent que rarement
« par ensemble, comme seroit une ou deux
« fois le mois, et qu'ils ne puissent se séparer
« sans grande incommodité et dommage, on
« pourra les absoudre selon ces auteurs, et
« entre autres Suarez, pourvu qu'ils promet-
« tent bien de ne plus pécher, et qu'ils aient
« un vrai regret du passé. » Je l'entendis bien ;
car il m'avoit déja appris de quoi le confesseur
se doit contenter pour juger de ce regret. Et
le pere Bauny, continua-t-il, permet, p. 1083
et 1084, à ceux qui sont engagés dans les occasions prochaines, « d'y demeurer quand ils
« ne les pourroient quitter sans bailler sujet
« au monde de parler, ou sans en recevoir de
« l'incommodité. » Et il dit de même en sa
Théologie morale, tr. 4, *De Pœnit.* q. 13, pag.
93, et q. 14, p. 94 : « Qu'on peut et qu'on doit
« absoudre une femme qui a chez elle un hom-
« me avec qui elle peche souvent, si elle ne le
« peut faire sortir honnêtement, ou qu'elle ait
« quelque cause de le retenir : *Si non potest*
« *honeste ejicere, aut habeat aliquam causam*

« *retinendi* ; pourvu qu'elle propose bien de
« ne plus pécher avec lui. »

O mon pere, lui dis-je, l'obligation de quitter les occasions est bien adoucie, si on en est dispensé aussitôt qu'on en recevroit de l'incommodité : mais je crois au moins qu'on y est obligé, selon vos peres, quand il n'y a point de peine? Oui, dit le pere, quoique toutefois cela ne soit pas sans exception. Car le pere Bauny dit au même lieu : « Il est permis
« à toutes sortes de personnes d'entrer dans
« les lieux de débauche pour y convertir des
« femmes perdues, quoiqu'il soit bien vraisem-
« blable qu'on y péchera : comme si on a déja
« éprouvé souvent qu'on s'est laissé aller au
« péché, par la vue et les cajoleries de ces
« femmes. Et encore qu'il y ait des docteurs
« qui n'approuvent pas cette opinion, et qui
« croient qu'il n'est pas permis de mettre vo-
« lontairement son salut en danger pour se-
« courir son prochain, je ne laisse pas d'em-
« brasser très volontiers cette opinion qu'ils
« combattent. » Voilà, mon pere, une nouvelle sorte de prédicateurs. Mais sur quoi se fonde le pere Bauny pour leur donner cette mission? C'est, me dit-il, sur un de ses principes, qu'il donne au même lieu après Basile Ponce. Je vous en ai parlé autrefois, et je crois que vous

vous en souvenez. C'est « qu'on peut recher-
« cher une occasion directement et par elle-
« même, *primo et per se,* pour le bien tempo-
« rel ou spirituel de soi ou du prochain. »
Ces passages me firent tant d'horreur, que je
pensai rompre là-dessus : mais je me retins,
afin de le laisser aller jusqu'au bout, et me
contentai de lui dire : Quel rapport y a - t - il,
mon pere, de cette doctrine à celle de l'évangile, qui oblige « à s'arracher les yeux, et à
« retrancher les choses les plus nécessaires,
« quand elles nuisent au salut? » Et comment
pouvez - vous concevoir qu'un homme qui demeure volontairement dans les occasions des
péchés, les déteste sincèrement? N'est-il. pas
visible au contraire, qu'il n'en est point touché comme il faut, et qu'il n'est pas encore
arrivé à cette véritable conversion de cœur,
qui fait autant aimer Dieu qu'on a aimé les
créatures ?

Comment, dit. il, ce seroit-là une véritable
contrition ? Il semble que vous ne sachiez pas
que, comme dit le pere Pintereau en la seconde partie de l'Abbé de Boisic, page 5o :
« Tous nos peres enseignent, d'un commun
« accord, que c'est une erreur, et presque
« une hérésie, de dire que la contrition soit
« nécessaire, et que l'attrition toute seule, et

« même conçue par LE SEUL motif des peines
« de l'enfer, qui exclut la volonté d'offenser,
« ne suffit pas avec le sacrement. » Quoi, mon
pere, c'est presque un article de foi, que l'attrition conçue par la seule crainte des peines
suffit avec le sacrement? Je crois que cela est
particulier à vos peres. Car les autres qui
croient que l'attrition suffit avec le sacrement,
veulent au moins qu'elle soit mêlée de quelque
amour de Dieu. Et de plus il me semble que
vos auteurs mêmes ne tenoient point autrefois
que cette doctrine fût si certaine. Car votre
pere Suarez en parle de cette sorte, *De Pæn.*
q. 90, article 4, disposit. 15, sect. 4, n. 17.
« Encore, dit-il, que ce soit une opinion
« probable que l'attrition suffit avec le sacre-
« ment, toutefois elle n'est pas certaine, et
« elle peut être fausse : *non est certa, et potest*
« *esse falsa.* Et si elle est fausse, l'attrition ne
« suffit pas pour sauver un homme. Donc celui
« qui meurt sciemment en cet état, s'expose
« volontairement au péril moral de la damna-
« tion éternelle. Car cette opinion n'est ni fort
« ancienne, ni fort commune : *Nec valde anti-*
« *qua, nec multum communis.* » Sanchez ne
trouvoit pas non plus qu'elle fût si assurée,
puisqu'il dit en sa Somme, l. 1, c. 9, n. 34 :

« Que le malade et son confesseur qui se con-
« tenteroient à la mort de l'attrition avec le
« sacrement, pécheroient mortellement, à cau
« se du grand péril de damnation où le péni-
« tent s'exposeroit, si l'opinion qui assure que
« l'attrition suffit avec le sacrement, ne se
« trouvoit pas véritable. » Ni Comitolus aussi,
quand il dit, *Resp. Mor.* l. 1, q. 32, n. 7, 8 :
« Qu'il n'est pas trop sûr que l'attrition suffise
« avec le sacrement. »

Le bon pere m'arrêta là-dessus. Et quoi, dit-
il, vous lisez donc nos auteurs? vous faites bien;
mais vous feriez encore mieux, de ne les lire
qu'avec quelqu'un de nous. Ne voyez-vous pas
que, pour les avoir lus tout seul, vous en avez
conclu que ces passages font tort à ceux qui
soutiennent maintenant notre doctrine de l'attrition, au lieu qu'on vous auroit montré qu'il
n'y a rien qui les releve davantage. Car quelle
gloire est-ce à nos peres d'aujourd'hui, d'avoir
en moins de rien répandu si généralement leur
opinion par-tout, que hors les théologiens il
n'y a presque personne qui ne s'imagine que ce
que nous tenons maintenant de l'attrition, n'ait
été de tout temps l'unique créance des fideles?
Et ainsi quand vous montrez par nos peres mêmes, qu'il y a peu d'années *que cette opinion*

n'étoit pas certaine, que faites-vous autre chose, sinon donner à nos derniers auteurs tout l'honneur de cet établissement?

Aussi Diana, notre ami intime, a cru nous faire plaisir de marquer par quels degrés on y est arrivé. C'est ce qu'il fait p. 5, tr. 13, où il dit : « Qu'autrefois les anciens scholastiques « soutenoient que la contrition étoit nécessaire « aussi-tôt qu'on avoit fait un péché mortel : « mais que depuis on a cru qu'on n'y étoit « obligé que les jours de fêtes, et ensuite que « quand quelque grande calamité menaçoit tout « le peuple : que, selon d'autres, on étoit « obligé à ne la pas différer long-temps, quand « on approche de la mort. Mais que nos peres « Hurtado et Vasquez ont réfuté excellemment « toutes ces opinions-là, et établi qu'on n'y « étoit obligé que quand on ne pouvoit être « absous par une autre voie, ou à l'article de « la mort! » Mais, pour continuer le merveilleux progrès de cette docrine, j'ajouterai que nos peres Fagundez præc. 2, t. 2, c. 4, n. 13 ; Granados in 3. part. contr. 7, d. 3, sec. 4, n. 17 ; et Escobar, tr. 7, ex. 4, n. 88, dans la Pratique, selon notre Société, ont décidé : « Que la contrition n'est pas nécessaire même « à la mort, parce, disent-ils, que si l'attrition « avec le sacrement ne suffisoit pas à la mort,

« il s'ensuivroit que l'attrition ne seroit pas
« suffisante avec le sacrement. » Et notre savant Hurtado, *de Sacr.* d. 6, cité par Diana,
part. 5, tr. 4, Miscell. r. 193, et par Escobar,
tr. 7, ex. 4, n. 91, va encore plus loin, écoutez-le. « Le regret d'avoir péché, qu'on ne
« conçoit qu'à cause du seul mal temporel qui
« en arrive, comme d'avoir perdu la santé, ou
« son argent, est-il suffisant? Il faut distin-
« guer. Si on ne pense pas que ce mal soit en-
« voyé de la main de Dieu, ce regret ne suf-
« fit pas; mais si on croit que ce mal est en-
« voyé de Dieu, comme en effet tout mal, *dit*
« *Diana*, excepté le péché, vient de lui, ce re-
« gret est suffisant. » C'est ce que dit Escobar
en *la Pratique de notre Société.* Notre pere
François Lamy soutient aussi la même chose,
tr. 8, disp. 3, n. 13.

Vous me surprenez, mon pere; car je ne
vois rien en toute cette attrition-là que de naturel; et ainsi un pécheur se pourroit rendre
digne de l'absolution sans aucune grace surnaturelle. Or il n'y a personne qui ne sache que
c'est une hérésie condamnée par le concile. Je
l'aurois pensé comme vous, dit-il; et cependant il faut bien que cela ne soit pas. Car nos
peres du college de Clermont ont soutenu dans
leurs theses du 23 mai et du 6 juin 1644,

col. 4, n. 1 : « Qu'une attrition peut être sainte
« et suffisante pour le sacrement, quoiqu'elle
« ne soit pas surnaturelle. » Et dans celle du
mois d'août 1643 : « Qu'une attrition qui n'est
« que naturelle, suffit pour le sacrement, pour-
« vu qu'elle soit honnête : » *Ad sacramentum
suffcit attritio naturalis, modo honesta.* Voilà
tout ce qui se peut dire, si ce n'est qu'on veuille ajouter une conséquence, qui se tire aisément de ces principes : qui est que la contrition est si peu nécessaire au sacrement,
qu'elle y seroit au contraire nuisible, en ce
qu'effaçant les péchés par elle-même, elle ne
laisseroit rien à faire au sacrement. C'est ce
que dit notre père Valentia, ce célebre jésuite,
to. 4, disp. 7, q. 8, p. 4. « La contrition n'est
« point du tout nécessaire pour obtenir l'effet
« principal du sacrement, mais au contraire
« elle y est plutôt un obstacle : » *Imo obstat
potius quominus effectus sequatur.* On ne peut
rien desirer de plus à l'avantage de l'attrition.
Je le crois, mon pere ; mais souffrez que je vous
en dise mon sentiment, et que je vous fasse
voir à quel excès cette doctrine conduit. Lorsque vous dites que *l'attrition conçue par la
seule crainte des peines* suffit avec le sacrement
pour justifier les pécheurs, ne s'ensuit-il pas
de-là qu'on pourra toute sa vie expier ses

péchés de cette sorte, et ainsi être sauvé sans avoir jamais aimé Dieu en sa vie? Or vos peres oseroient-ils soutenir cela?

Je vois bien, répondit le pere, par ce que vous me dites, que vous avez besoin de savoir la doctrine de nos peres touchant l'amour de Dieu. C'est le dernier trait de leur morale, et le plus important de tous. Vous deviez l'avoir compris par les passages que je vous ai cités de la contrition. Mais en voici d'autres plus précis sur l'amour de Dieu; ne m'interrompez donc pas, car la suite même en est considérable. Écoutez Escobar, qui rapporte les opinions différentes de nos auteurs sur ce sujet, dans la Pratique de l'amour de Dieu selon notre Société, au tr. 1, ex. 2, n. 21, et tr. 5, ex. 4, n. 8, sur cette question : « Quand est-« on obligé d'avoir affection actuellement pour « Dieu? Suarez dit que c'est assez, si on l'ai-« me avant l'article de la mort, sans détermi-« ner aucun temps. Vasquez, qu'il suffit en-« core à l'article de la mort. D'autres, quand « on reçoit le baptême. D'autres, quand on « est obligé d'être contrit. D'autres, les jours « de fêtes. Mais notre pere Castro Palao com-« bat toutes ces opinions-là, et avec raison, « *merito*. Hurtado de Mendoza prétend qu'on « y est obligé tous les ans, et qu'on nous traite

« bien favorablement encore de ne nous y obli-
« ger pas plus souvent. Mais notre pere Co-
« ninck croit qu'on y est obligé en trois ou
« quatre ans. Henriquez tous les cinq ans. Et
« Filiutius dit qu'il est probable qu'on n'y est
« pas obligé à la rigueur tous les cinq ans. Et
« quand donc? Il le remet au jugement des
« sages. » Je laissai passer tout ce badinage
où l'esprit de l'homme se joue si insolemment
de l'amour de Dieu. Mais, poursuivit-il, notre
pere Antoine Sirmond, qui triomphe sur cette
matiere dans son admirable livre de la Défense
de la vertu, *où il parle françois en France,*
comme il dit au lecteur, discourt ainsi au 2e.
tr. sect. 1, pag. 12, 13, 14, etc. « St. Thomas
« dit qu'on est obligé à aimer Dieu aussitôt
« après l'usage de raison : c'est un peu bien-
« tôt. Scotus, chaque dimanche : sur quoi
« fondé? D'autres, quand on est grièvement
« tenté : oui, en cas qu'il n'y eût que cette
« voie de fuir la tentation. Sotus, quand on
« reçoit un bienfait de Dieu : bon pour l'en
« remercier. D'autres, à la mort : c'est bien
« tard. Je ne crois pas non plus que ce soit à
« chaque réception de quelque sacrement :
« l'attrition y suffit avec la confession, si on
« en a la commodité. Suarez dit qu'on y est
« obligé en un temps : mais en quel temps?

« Il vous en fait juge, et il n'en sait rien. Or
« ce que ce docteur n'a pas su, je ne sais qui
« le sait. » Et il conclut enfin qu'on n'est obligé à autre chose à la rigueur qu'à observer les
autres commandemens, sans aucune affection
pour Dieu, et sans que notre cœur soit à lui,
pourvu qu'on ne le haïsse pas. C'est ce qu'il
prouve en tout son second traité. Vous le verrez à chaque page, et entre autres aux pages
16, 19, 24, 28, où il dit ces mots : « Dieu en
« nous commandant de l'aimer, se contente
« que nous lui obéissions en ses autres com-
« mandemens. Si Dieu eût dit : Je vous per-
« drai, quelque obéissance que vous me ren-
« diez, si de plus votre cœur n'est à moi : ce
« motif, à votre avis, eût-il été bien propor-
« tionné à la fin que Dieu a pu avoir ? Il est
« donc dit que nous aimerons Dieu en faisant
« sa volonté, comme si nous l'aimions d'af-
« fection, comme si le motif de la charité
« nous y portoit. Si cela arrive réellement,
« encore mieux : sinon, nous ne laisserons
« pas pourtant d'obéir en rigueur au comman-
« dement d'amour, en ayant les œuvres, de
« façon que (voyez la bonté de Dieu), il ne
« nous est pas tant commandé de l'aimer, que
« de ne le point haïr. »

C'est ainsi que nos peres ont déchargé les

hommes de l'obligation *pénible* d'aimer Dieu
actuellement. Et cette docrine est si avantageu-
se, que nos peres Annat, Pintereau, Le Moyne, et A. Sirmond même, l'ont défendue vi-
goureusement, quand on a voulu la combattre.
Vous n'avez qu'à le voir dans leurs réponses à
la Théologie morale : et celle du pere Pintereau
en la 2. p. de l'abbé de Boisic, p. 53, vous fera
juger de la valeur de cette dispense, par le prix
qu'il dit qu'elle a coûté, qui est le sang de Jésus-Christ. C'est le couronnement de cette doctrine. Vous y verrez donc que cette dispense
de l'obligation *fâcheuse* d'aimer Dieu, est le
privilege de la loi évangelique par-dessus la
judaïque. « Il a été raisonnable, dit-il, que dans
« la loi de grace du nouveau Testament, Dieu
« levât l'obligation fâcheuse et difficile, qui
« étoit en la loi de rigueur, d'exercer un acte
« de parfaite contrition pour être justifié, et
« qu'il instituât des sacremens pour suppléer
« à son défaut, à l'aide d'une disposition plus
« facile. Autrement certes les chrétiens, qui
« sont les enfans, n'auroient pas maintenant
« plus de facilité à se remettre aux bonnes gra-
« ces de leur pere, que les juifs, qui étoient
« les esclaves, pour obtenir miséricorde de leur
« seigneur. »

O mon pere! lui dis-je, il n'y a point de

patience que vous ne mettiez à bout, et on ne peut ouir sans horreur les choses que je viens d'entendre. Ce n'est pas de moi-même, dit-il. Je le sais bien, mon pere, mais vous n'en avez point d'aversion ; et bien loin de détester les auteurs de ces maximes, vous avez de l'estime pour eux. Ne craignez-vous pas que votre consentement ne vous rende participant de leur crime? Et pouvez-vous ignorer que saint Paul juge « dignes de mort non-seulement les au- « teurs des maux, mais aussi ceux qui y con- « sentent? » Ne suffisoit-il pas d'avoir permis aux hommes tant de choses défendues, par les palliations que vous y avez apportées? falloit-il encore leur donner l'occasion de commettre les crimes mêmes que vous n'avez pu excuser, par la facilité et l'assurance de l'absolution que vous leur en offrez, en détruisant à ce dessein la puissance des prêtres, et les obligeant d'absoudre plutôt en esclaves qu'en juges, les pécheurs les plus envieillis ; sans changement de vie ; sans aucun signe de regret, que des promesses cent fois violées ; sans pénitence, *s'ils n'en veulent point accepter;* et sans quitter les occasions des vices, *s'ils en reçoivent de l'incommodité?*

Mais on passe encore au-delà, et la licence qu'on a prise d'ébranler les regles les plus saintes de la conduite chrétienne, se porte jusqu'au renversement entier de la loi de Dieu. On viole *le grand commandement, qui comprend la loi et les prophétes :* on attaque la piété dans le cœur: on en ôte l'esprit qui donne la vie: on dit que l'amour de Dieu n'est pas nécessaire au salut: et on va même jusqu'à prétendre *que cette dispense d'aimer Dieu est l'avantage que Jésus-Christ a apporté au monde.* C'est le comble de l'impiété. Le prix du sang de Jésus-Christ sera de nous obtenir la dispense de l'aimer! Avant l'incarnation, on étoit obligé d'aimer Dieu; mais depuis que *Dieu a tant aimé le monde qu'il lui a donné son fils unique,* le monde racheté par lui sera déchargé de l'aimer! Étrange théologie de nos jours! On ose lever *l'anathéme* que saint Paul prononce *contre ceux qui n'aiment pas le Seigneur Jésus !* On ruine ce que dit saint Jean, que *qui n'aime point demeure en la mort ;* et ce que dit Jésus-Christ même, que *qui ne l'aime point, ne garde point ses préceptes !* Ainsi on rend dignes de jouir de Dieu dans l'éternité, ceux qui n'ont jamais ₁ aimé Dieu en toute leur vie! Voilà le mys-

₁ Rien sur cette matiere n'est comparable à la prosopopée par laquelle Boileau introduit Dieu jugeant tous les hommes. C'est dans son Épitre XII.

tere d'iniquité accompli. Ouvrez enfin les yeux,
mon pere ; et si vous n'avez point été touché
par les autres égaremens de vos casuistes, que
ces derniers vous en retirent par leurs excès.
Je le souhaite de tout mon cœur pour vous, et
pour tous vos peres ; et je prie Dieu qu'il dai-
gne leur faire connoître combien est fausse la
lumiere qui les a conduits jusqu'à de tels pré-
cipices , et qu'il remplisse de son amour ceux
qui en osent dispenser les hommes.

Après quelques discours de cette sorte je
quittai le pere , et je ne vois guere d'apparence
d'y retourner. Mais n'y ayez pas de regret ;
car s'il étoit nécessaire de vous entretenir encore de leurs maximes , j'ai assez lu leurs livres
pour pouvoir vous en dire à peu près autant de
leur morale , et peut-être plus de leur politique , qu'il n'eût fait lui-même. Je suis , etc.

ONZIEME LETTRE

ÉCRITE AUX R. P. JÉSUITES.

Qu'on peut réfuter par des railleries les erreurs ridicules. Précautions avec lesquelles on le doit faire; qu'elles ont été observées par Montalte, et qu'elles ne l'ont point été par les jésuites. Bouffonneries impies du pere Le Moine et du pere Garasse.

Du 18 août 1656.

MES RÉVÉRENDS PERES,

J'ai vu les lettres que vous débitez contre celles que j'ai écrites à un de mes amis sur le sujet de votre morale, où l'un des principaux points de votre défense est, que je n'ai pas parlé assez sérieusement de vos maximes : c'est ce que vous répétez dans tous vos écrits, et que vous poussez jusqu'à dire : « Que j'ai tourné les cho-
« ses saintes en raillerie. »

Ce reproche, mes peres, est bien surprenant, et bien injuste. Car en quel lieu trouvez-vous que je tourne les choses saintes en raillerie?

Vous marquez en particulier « le contrat Mo-
« hatra, et l'histoire de Jean d'Alba. » Mais
est-ce cela que vous appellez des choses saintes?
Vous semble-t-il que le Mohatra soit une chose
si vénérable, que ce soit un blasphême de n'en
pas parler avec respect? Et les leçons du pere
Bauny, pour le larcin, qui porterent Jean d'Alba à le pratiquer contre vous-mêmes, sont-elles
si sacrées, que vous ayez droit de traiter d'impies ceux qui s'en moquent?

Quoi, mes peres, les imaginations de vos
auteurs passeront pour les vérités de la foi; et
on ne pourra se moquer des passages d'Escobar, et des décisions si fantasques et si peu
chrétiennes de vos autres auteurs, sans qu'on
soit accusé de rire de la religion? Est-il possible que vous ayez osé redire si souvent une
chose si peu raisonnable? et ne craignez-vous
point, en me blàmant de m'être moqué de vos
égaremens, de me donner un nouveau sujet de
me moquer de ce reproche, et de le faire retomber sur vous mêmes, en montrant que je
n'ai pris sujet de rire, que de ce qu'il y a de
ridicule dans vos livres; et qu'ainsi en me mo-
quant de votre morale, j'ai été aussi éloigné
de me moquer des choses saintes, que la doctrine de vos casuistes est éloignée de la doctrine
sainte de l'évangile?

En vérité, mes peres, il y a bien de la différence entre rire de la religion, et rire de ceux qui la profanent par leurs opinions extravagantes. Ce seroit une impiété de manquer de respect pour les vérités que l'esprit de Dieu a révélées : mais ce seroit une autre impiété de manquer de mépris pour les faussetés que l'esprit de l'homme leur oppose.

Car, mes peres, puisque vous m'obligez d'entrer en ce discours, je vous prie de considérer, que comme les vérités chrétiennes sont dignes d'amour et de respect, les erreurs qui leur sont contraires, sont dignes de mépris et de haine : parce qu'il y a deux choses dans les vérités de notre religion ; une beauté divine qui les rend aimables, et une sainte majesté qui les rend vénérables : et qu'il y a aussi deux choses dans les erreurs ; l'impiété qui les rend horribles, et l'impertinence qui les rend ridicules. C'est pourquoi comme les Saints ont toujours pour la vérité ces deux sentimens d'amour et de crainte, et que leur sagesse est toute comprise entre la crainte qui en est le principe, et l'amour qui en est la fin ; les Saints ont aussi pour l'erreur ces deux sentimens de haine et de mépris, et leur zele s'emploie également à repousser avec force la malice des impies, et à confondre avec risée leur égarement et leur folie.

Ne prétendez donc pas , mes peres , de faire accroire au monde que ce soit une chose indigne d'un chrétien , de traiter les erreurs avec moquerie; puisqu'il est aisé de faire connoître à ceux qui ne le sauroient pas , que cette pratique est juste , qu'elle est commune aux peres de l'église , et qu'elle est autorisée par l'écriture , par l'exemple des plus grands Saints , et par celui de Dieu même.

Car ne voyons-nous pas que Dieu hait et méprise les pécheurs tout ensemble , jusques - là même qu'à l'heure de leur mort , qui est le temps où leur état est le plus déplorable et le plus triste , la sagesse divine joindra la moquerie et la risée à la vengeance et à la fureur qui les condamnera à des supplices éternels : *In interitu vestro ridebo et subsannabo.* Et les Saints agissant par le même esprit , en useront de même , puisque , selon David , quand ils verront la punition des méchans , « ils en trembleront et en riront en même temps : » *Videbunt justi et timebunt : et super eum ridebunt.* Et Job en parle de même : *Innocens subsannabit eos.*

Mais c'est une chose bien remarquable sur ce sujet , que dans les premieres paroles que Dieu a dites à l'homme depuis sa chute , on trouve un discours de moquerie , et *une ironie piquante* , selon les peres. Car après qu'Adam eut désobéi dans l'espérance que le démon lui avoit donnée d'être fait semblable à Dieu , il paroît par l'écriture que Dieu en punition le rendit sujet à la mort, et qu'après l'avoir réduit à cette misérable condition qui étoit due à son péché , il se moqua de lui en cet état par ces paroles de risée : « Voilà l'homme qui est devenu com-« me l'un de nous » *Ecce Adam quasi unus ex nobis :* ce qui est *une ironie sanglante et sensible,* dont Dieu le *piquoit vivement,* selon St. Chrysostôme et les interpretes. *Adam,* dit Rupert, « méritoit d'être raillé par cette ironie , « et on lui faisoit sentir sa folie bien plus vi-« vement par cette expression ironique , que « par une expression sérieuse. » Et Hugues de S. Victor , ayant dit la même chose , ajoute « que cette ironie étoit due à sa sotte crédulité ; « et que cette espece de raillerie est une action « de justice , lorsque celui envers qui on en « use , l'a méritée. »

Vous voyez donc , mes peres , que la moquerie est quelquefois plus propre à faire revenir les hommes de leurs égaremens , et qu'elle est alors une action de justice ; parce que , comme dit Jérémie , « les actions de ceux qui errent « sont dignes de risée , à cause de leur vani-« té : » *vana sunt et risu digna.* Et c'est si peu une impiété de s'en rire , que c'est l'effet d'une sagesse divine, selon cette parole de saint Augustin : » Les sages rient des insensés, par« ce qu'ils sont sages, non pas de leur propre « sagesse, mais de cette sagesse divine qui rira « de la mort des méchans. »

Aussi les prophetes remplis de l'esprit de Dieu ont usé de ces moqueries, comme nous voyons par les exemples de Daniel et d'Élie. Enfin il s'en trouve des exemples dans les discours de Jésus-Christ même : et saint Augustin remarque, que quand il voulut humilier Nicodeme, qui se croyoit habile dans l'intelligence de la loi : « Comme il le voyoit enflé d'orgueil par « sa qualité de docteur des juifs, il exerce et « étonne sa présomption par la hauteur de ses « demandes, et l'ayant réduit à l'impuissance « de répondre : Quoi, lui dit-il, vous êtes maî« tre en Israël et vous ignorez ces choses? Ce « qui est le même que s'il eût dit : Prince su« perbe, reconnoissez que vous ne savez rien. » Et saint Chrysostôme et saint Cyrille disent sur cela, « qu'il méritoit d'être joué de cette sorte. »

Vous voyez donc, mes peres, que s'il arrivoit aujourd'hui que des personnes qui feroient les maîtres envers les chrétiens, comme Nicodeme et les pharisiens envers les juifs, ignorassent les principes de la religion, et soutinssent, par exemple, « qu'on peut être sauvé

« sans avoir jamais aimé Dieu en toute sa vie, »
« on suivroit en cela l'exemple de Jésus-Christ,
en se jouant de leur vanité et de leur ignorance.

Je m'assure, mes peres, que ces exemples
sacrés suffisent pour vous faire entendre, que
ce n'est pas une conduite contraire à celle des
saints, de rire des erreurs et des égaremens
des hommes : autrement il faudroit blâmer celle
des plus grands docteurs de l'église qui l'ont
pratiquée, comme saint Jérôme dans ses lettres et dans ses écrits contre Jovinien, Vigi-
lance, et les pélagiens : Tertullien, dans son
Apologétique contre les folies des idolâtres ;
saint Augustin contre les religieux d'Afrique
qu'il appelle les *Chevelus* : saint Irénée contre
les gnostiques : saint Bernard et les autres peres de l'église, qui, ayant été les imitateurs des
apôtres, doivent être imités par les fideles dans
toute la suite des temps ; puisqu'ils sont pro-
posés, quoi qu'on en dise, comme le véritable
modele des chrétiens, même d'aujourd'hui.

Je n'ai donc pas cru faillir en les suivant.
Et comme je pense l'avoir assez montré, je ne
dirai plus sur ce sujet que ces excellentes paroles de Tertullien, qui rendent raison de tout
mon procédé. « Ce que j'ai fait n'est qu'un jeu
« avant un véritable combat. J'ai plutôt mon-

« tré les blessures qu'on vous peut faire, que
« je ne vous en ai fait. Que s'il se trouve des
« endroits où l'on soit excité à rire, c'est par-
« ce que les sujets mêmes y portoient. Il y a
« beaucoup de choses qui méritent d'être mo-
« quées et jouées de la sorte, de peur de leur
« donner du poids en les combattant sérieuse-
« ment. Rien n'est plus dû à la vanité que la
« risée; et c'est proprement à la vérité qu'il
« appartient de rire, parce qu'elle est gaie, et
« de se jouer de ses ennemis, parce qu'elle est
« assurée de la victoire. Il est vrai qu'il faut
« prendre garde que les railleries ne soient pas
« basses et indignes de la vérité. Mais, à cela
« près, quand on pourra s'en servir avec adres-
« se, c'est un devoir que d'en user. » Ne trouvez - vous pas, mes peres, que ce passage est
bien juste à notre sujet ? « Les lettres que j'ai
« faites jusqu'ici, ne sont qu'un jeu avant un
« véritable combat. » Je n'ai fait encore que
me jouer, « et vous montrer plutôt les bles-
« sures qu'on vous peut faire, que je ne vous
« en ai fait. » J'ai exposé simplement vos passages sans y faire presque de réflexion. « Que
« si on y a été excité à rire, c'est parce que les
« sujets y portoient d'eux-mêmes. » Car qu'y
a-t-il de plus propre à exciter à rire, que de
voir une chose aussi grave que la morale chré-

tienne, remplie d'imaginations aussi grotes-
ques que les vôtres? On conçoit une si haute
attente de ces maximes, qu'on dit « que Jé-
« sus-Christ a lui-même révélées à des peres
« de la Société, » que quand on y trouve « qu'un
« prêtre qui a reçu de l'argent pour dire une
« messe, peut outre cela en prendre d'autres
« personnes, en leur cédant toute la part qu'il
« a au sacrifice : qu'un religieux n'est pas ex-
« communié pour quitter son habit, lorsque
« c'est pour danser, pour filouter, ou pour al-
« ler incognito en des lieux de débauche; et
« qu'on satisfait au précepte d'ouir la messe,
« en entendant quatre quarts de messe à la
« fois de différens prêtres : » lors, dis-je, qu'on
entend ces décisions et autres semblables, il
est impossible que cette surprise ne fasse rire,
parce que rien n'y porte davantage, qu'une dis-
proportion surprenante entre ce qu'on attend
et ce qu'on voit. Et comment auroit-on pu traiter autrement la plupart de ces matieres? puisque ce seroit « les autoriser que de les traiter
« sérieusement, » selon Tertullien.

Quoi, faut-il employer la force de l'écriture
et de la tradition, pour montrer que c'est tuer
son ennemi en trahison, que de lui donner des
coups d'épée par-derriere et dans une embûche; et que c'est acheter un bénéfice, que de

donner de l'argent comme un motif pour se le faire résigner? Il y a donc des matieres qu'il faut mépriser, et « qui méritent d'être jouées « et moquées. » Enfin, ce que dit cet ancien auteur, « que rien n'est plus dû à la vanité que « la risée, » et le reste de ces paroles, s'applique ici avec tant de justesse et avec une force si convaincante, qu'on ne sauroit plus douter qu'on peut bien rire des erreurs sans blesser la bienséance.

Et je vous dirai aussi, mes peres, qu'on en peut rire sans blesser la charité, quoique ce soit une des choses que vous me reprochez encore dans vos écrits. « Car la charité oblige « quelquefois à rire des erreurs des hommes, « pour les porter eux-mêmes à en rire et à les « fuir, selon cette parole de saint Augustin : « *Haec tu misericorditer irride, ut eis ridenda* « *ac fugienda commendes.* » Et la même charité oblige aussi quelquefois à les repousser avec colere, selon cette autre parole de saint Grégoire de Nazianze : « L'esprit de charité et de « douceur a ses émotions et ses coleres. » En effet, comme dit saint Augustin, « Qui ose-« roit dire que la vérité doit demeurer désar-« mée contre le mensonge, et qu'il sera per-« mis aux ennemis de la foi d'effrayer les fideles « par des paroles fortes, et de les réjouir par

« des rencontres d'esprit agréables ; mais que
« les catholiques ne doivent écrire qu'avec une
« froideur de style qui endorme les lecteurs ? »

Ne voit - on pas que, selon cette conduite,
on laisseroit introduire dans l'église les erreurs
les plus extravagantes et les plus pernicieuses,
sans qu'il fût permis de s'en moquer avec mépris, de peur d'être accusé de blesser la bienséance ; ni de les confondre avec véhémence,
de peur d'être accusé de manquer de charité ?

Quoi, mes peres, il vous sera permis de dire
« qu'on peut tuer pour éviter un soufflet et
« une injure ; » et il ne sera pas permis de
réfuter publiquement une erreur publique d'une
telle conséquence ? Vous aurez la liberté de
dire « qu'un juge peut en conscience retenir ce
« qu'il a reçu pour faire une injustice, » sans
qu'on ait la liberté de vous contredire ? Vous
imprimerez, avec privilege et approbation de
vos docteurs, « qu'on peut être sauvé sans avoir
« jamais aimé Dieu ; » et vous fermerez la bouche à ceux qui défendront la vérité de la foi,
en leur disant qu'ils blesseroient la charité de
freres en vous attaquant, et la modestie de
chrétiens en riant de vos maximes ? Je doute,
mes peres, qu'il y ait des personnes à qui vous
ayez pu le faire accroire : mais néanmoins s'il
s'en trouvoit qui en fussent persuadés, et qui

crussent que j'aurois blessé la charité que je
vous dois, en décriant votre morale; je voudrois bien qu'ils examinassent avec attention
d'où naît en eux ce sentiment. Car encore qu'ils
s'imaginent qu'il part de leur zèle, qui n'a pu
souffrir sans scandale de voir accuser leur prochain, je les prierois de considérer qu'il n'est
pas impossible qu'il vienne d'ailleurs ; et qu'il
est même assez vraisemblable qu'il vient du
déplaisir secret et souvent caché à nous mêmes,
que le malheureux fond qui est en nous ne
manque jamais d'exciter contre ceux qui s'opposent au relâchement des mœurs. Et pour leur
donner une regle qui leur en fasse reconnoître
le véritable principe, je leur demanderai, si
en même temps qu'ils se plaignent de ce qu'on
a traité de la sorte des religieux, ils se plaignent encore davantage de ce que des religieux
ont traité la vérité de la sorte. Que s'ils sont
irrités non-seulement contre les Lettres, mais
encore plus contre les maximes qui y sont rapportées, j'avouerai qu'il se peut faire que leur
ressentiment parte de quelque zèle, mais peu
éclairé; et alors les passages qui sont ici, suf-
firont pour les éclaircir. Mais s'ils s'emportent
seulement contre les répréhensions, et non pas
contre les choses qu'on a reprises ; en vérité,
mes peres, je ne m'empêcherai jamais de leur

dire qu'ils sont grossièrement abusés, et que leur zele est bien aveugle.

Étrange zele qui s'irrite contre ceux qui accusent des fautes publiques, et non pas contre ceux qui les commettent! Quelle nouvelle-charité, qui s'offense de voir confondre des erreurs manifestes, et qui ne s'offense point de voir renverser la morale par ces erreurs! Si ces personnes étoient en danger d'être assassinées, s'offenseroient-elles de ce qu'on les avertiroit de l'embûche qu'on leur dresse; et au lieu de se détourner de leur chemin pour l'éviter, s'amuseroient-elles à se plaindre du peu de charité qu'on auroit eu de découvrir le dessein criminel de ces assassins? S'irritent-ils lorsqu'on leur dit de ne pas manger d'une viande, parce qu'elle est empoisonnée, ou de ne pas aller dans une ville, parce qu'il y a la peste?

D'où vient donc qu'ils trouvent qu'on manque de charité, quand on découvre des maximes nuisibles à la religion; et qu'ils croient au contraire qu'on manqueroit de charité, si on ne leur découvroit pas les choses nuisibles à leur santé et à leur vie; sinon parce que l'amour qu'ils ont pour la vie, leur fait recevoir favorablement tout ce qui contribue à la conserver; et que l'indifférence qu'ils ont pour la vérité, fait que non-seulement ils ne prennent aucune part à sa défense, mais qu'ils voient même avec peine qu'on s'efforce de détruire le mensonge?

Qu'ils considerent donc devant Dieu, combien la morale que vos casuistes répandent de toutes parts, est honteuse et pernicieuse à l'église : combien la licence qu'ils introduisent dans les mœurs, est scandaleuse et démesurée : combien la hardiesse avec laquelle vous les soutenez, est opiniâtre et violente. Et s'ils ne jugent qu'il est temps de s'élever contre de tels désordres, leur aveuglement sera aussi à plaindre que le vôtre, mes peres, puisque et vous et eux avez un pareil sujet de craindre cette parole de saint Augustin, sur celle de Jésus-Christ dans l'évangile : « Malheur aux aveugles « qui conduisent; malheur aux aveugles qui « sont conduits : *vae caecis ducentibus! vae* « *caecis sequentibus!* »

Mais afin que vous n'ayez plus lieu de donner ces impressions aux autres, ni de les prendre vous-mêmes, je vous dirai, mes peres (et je suis honteux de ce que vous m'engagez à vous dire ce que je devrois apprendre de vous), je vous dirai donc quelles marques les peres de l'église nous ont données, pour juger si les répréhensions partent d'un esprit de piété et de charité, ou d'un esprit d'impiété et de haine.

La premiere de ces regles est que l'esprit de
piété porte toujours à parler avec vérité et sincérité ; au lieu que l'envie et la haine emploient
le mensonge et la calomnie : *splendentia et
vehementia, sed rebus veris,* dit saint Augustin. Quiconque se sert du mensonge, agit par
l'esprit du diable. Il n'y a point de direction
d'intention qui puisse rectifier la calomnie : et
quand il s'agiroit de convertir toute la terre,
il ne seroit pas permis de noircir des personnes
innocentes ; parce qu'on ne doit pas faire le
moindre mal pour faire réussir le plus grand
bien, « et que la vérité de Dieu n'a pas besoin
« de notre mensonge, » selon l'écriture. « Il
« est du devoir des défenseurs de la vérité, dit
« saint Hilaire, de n'avancer que des choses
« vraies. » Aussi, mes peres, je puis dire devant Dieu qu'il n'y a rien que je déteste davantage, que de blesser tant soit peu la vérité ; et
que j'ai toujours pris un soin très particulier,
non-seulement de ne pas falsifier, ce qui seroit
horrible, mais de ne pas altérer ou détourner
le moins du monde le sens d'un passage. De
sorte que si j'osois me servir, en cette rencontre, des paroles du même saint Hilaire, je pourrois bien vous dire avec lui : « Si nous disons
« des choses fausses, que nos discours soient
« tenus pour infâmes ; mais si nous montrons

« que celles que nous produisons sont publi-
« ques et manifestes, ce n'est point sortir de
« la modestie et de la liberté apostolique de les
« reprocher. »

Mais ce n'est pas assez, mes peres, de ne
dire que des choses vraies, il faut encore ne pas
dire toutes celles qui sont vraies ; parce qu'on
ne doit rapporter que les choses qu'il est utile
de découvrir, et non pas celles qui ne pourroient que blesser sans apporter aucun fruit.
Et ainsi comme la premiere regle est de parler
avec vérité, la seconde est de parler avec discrétion. « Les méchans, dit saint Augustin,
« persécutent les bons en suivant l'aveugle-
« ment de la passion qui les anime ; au lieu
« que les bons persécutent les méchans avec
« une sage discrétion : de même que les chi-
« rurgiens considerent ce qu'ils coupent, au
« lieu que les meurtriers ne regardent point
« où ils frappent. » Vous savez bien, mes peres, que je n'ai pas rapporté des maximes de
vos auteurs, celles qui vous auroient été les plus
sensibles, quoique j'eusse pu le faire, et même sans pécher contre la discrétion, non plus
que de savans hommes et très catholiques, mes
peres, qui l'ont fait autrefois. Et tous ceux qui
ont lu vos auteurs, savent aussi bien que vous
combien en cela je vous ai épargnés : outre que

je n'ai parlé en aucune sorte contre ce qui vous regarde chacun en particulier; et je serois fâché d'avoir rien dit des fautes secrettes et personnelles, quelque preuve que j'en eusse. Car je sais que c'est le propre de la haine et de l'animosité, et qu'on ne doit jamais le faire, à moins qu'il n'y en ait une nécessité bien pressante pour le bien de l'église. Il est donc visible que je n'ai manqué en aucune sorte à la discrétion, dans ce que j'ai été obligé de dire touchant les maximes de votre morale, et que vous avez plus de sujet de vous louer de ma retenue, que de vous plaindre de mon indiscrétion.

La troisieme regle, mes peres, est que quand on est obligé d'user de quelques railleries, l'esprit de piété porte à ne les employer que contre les erreurs, et non pas contre les choses saintes; au lieu que l'esprit de bouffonnerie, d'impiété et d'hérésie, se rit de ce qu'il y a de plus sacré. Je me suis déja justifié sur ce point; et on est bien éloigné d'être exposé à ce vice, quand on n'a qu'à parler des opinions que j'ai rapportées de vos auteurs.

Enfin, mes peres, pour abréger ces regles, je ne vous dirai plus que celle-ci, qui est le principe et la fin de toutes les autres. C'est que l'esprit de charité porte à avoir dans le cœur le

desir du salut de ceux contre qui on parle, et
à adresser ses prieres à Dieu, en même temps
qu'on adresse ses reproches aux hommes. « On
« doit toujours, dit saint Augustin, conserver
« la charité dans le cœur, lors même qu'on est
« obligé de faire au dehors des choses qui pa-
« roissent rudes aux hommes, et de les frap-
« per avec une âpreté dure, mais bienfaisante;
« leur utilité devant être préférée à leur satis-
« faction. » Je crois, mes peres, qu'il n'y a
rien dans mes lettres qui témoigne que je n'aie
pas eu ce desir pour vous; et ainsi la charité
vous oblige à croire que je l'ai eu en effet, lorsque vous n'y voyez rien de contraire. Il paroît
donc par-là que vous ne pouvez montrer que
j'aie péché contre cette regle, ni contre aucune
de celles que la charité oblige de suivre; et
c'est pourquoi vous n'avez aucun droit de dire
que je l'aie blessée en ce que j'ai fait.

Mais si vous voulez, mes peres, avoir maintenant le plaisir de voir en peu de mots une
conduite qui peche contre chacune de ces regles, et qui porte véritablement le caractere
de l'esprit de bouffonnerie, d'envie et de haine, je vous en donnerai des exemples; et afin
qu'ils vous soient plus connus et plus familiers,
je les prendrai de vos écrits mêmes.

Car pour commencer par la maniere indigne

dont vos auteurs parlent des choses saintes, soit dans leurs railleries, soit dans leurs galanteries, soit dans leurs discours sérieux ; trouvez-vous que tant de contes ridicules de votre pere Binet, dans sa *Consolation des malades,* soient fort propres au dessein qu'il avoit pris de consoler chrétiennement ceux que Dieu afflige ? Direz-vous que la maniere si profane et si coquette dont votre pere Le Moine a parlé de la piété dans sa *Dévotion aisée,* soit plus propre à donner du respect que du mépris pour l'idée qu'il forme de la vertu chrétienne ? Tout son livre des *Peintures morales* respire-t-il autre chose, et dans sa prose, et dans ses vers, qu'un esprit plein de la vanité et des folies du monde ? Est-ce une piece digne d'un prêtre, que cette ode du 7e. livre intitulée : « Éloge de « la pudeur, où il est montré que toutes les « belles choses sont rouges, ou sujettes à rou- « gir. » C'est ce qu'il fit pour consoler une dame qu'il appelle Delphine, de ce qu'elle rougissoit souvent. Il dit donc à chaque stance, que quelques-unes des choses les plus estimées sont rouges, comme les roses, les grenades, la bouche, la langue ; et c'est parmi ces galanteries honteuses à un religieux, qu'il ose mêler insolemment ces esprits bienheureux, qui assistent devant Dieu, et dont les chrétiens ne doivent parler qu'avec vénération.

> Les chérubins, ces glorieux
> Composés de tête et de plume,
> Que Dieu de son esprit allume,
> Et qu'il éclaire de ses yeux;
> Ces illustres faces volantes
> Sont toujours rouges et brûlantes,
> Soit du feu de Dieu, soit du leur,
> Et dans leurs flammes mutuelles
> Font du mouvement de leurs ailes
> Un éventail à leur chaleur.
> Mais la rougeur éclate en toi,
> DELPHINE, avec plus d'avantage,
> Quand l'honneur est sur ton visage
> Vêtu de pourpre comme un roi, etc.

Qu'en dites-vous, mes peres? Cette préférence de la rougeur de Delphine à l'ardeur de ces esprits, qui n'en ont point d'autre que la charité; et la comparaison d'un éventail avec ces ailes mystérieuses, vous paroît-elle fort chrétienne dans une bouche qui consacre le corps adorable de Jésus-Christ? Je sais qu'il ne l'a dit que pour faire le galant et pour rire; mais c'est cela qu'on appelle rire des choses saintes. Et n'est-il pas vrai que si on lui faisoit justice, il ne se garantiroit pas d'une censure?

11.

quoique pour s'en défendre il se servît de cette raison, qui n'est pas elle-même moins censurable, qu'il rapporte au livre 1er. « Que la « Sorbonne n'a point de jurisdiction sur le « Parnasse, et que les erreurs de ce pays-là ne « sont sujettes ni aux censures, ni à l'inqui- « sition, » comme s'il n'étoit défendu d'être blasphémateur et impie qu'en prose. Mais au moins on n'en garantiroit pas par-là cet autre endroit de l'avant-propos du même livre : « Que « l'eau de la riviere au bord de laquelle il a « composé ses vers, est si propre à faire des « poëtes, que quand on en feroit de l'eau bé- « nite, elle ne chasseroit pas le démon de la « poésie : » non plus que celui-ci de votre pere Garasse dans sa Somme des vérités capi- tales de la religion, pag. 649, où il joint le blasphême à l'hérésie, en parlant du mystere sacré de l'incarnation en cette sorte : « La per- « sonalité humaine a été comme entée ou mise « à cheval sur la personàlité du verbe. » Et cet autre endroit du même auteur, pag. 510, sans en rapporter beaucoup d'autres, où il dit sur le sujet du nom de Jésus, figuré ordinai- rement ainsi IHS : « Que quelques-uns en ont « ôté la croix pour prendre les seuls caracteres « en cette sorte, IHS, qui est un Jésus dé- « valisé. »

C'est ainsi que vous traitez indignement les vérités de la religion, contre la regle inviolable qui oblige à n'en parler qu'avec révérence. Mais vous ne péchez pas moins contre celle qui oblige à ne parler qu'avec vérité et discrétion. Qu'y a-t-il de plus ordinaire dans vos écrits que la calomnie? Ceux du pere Brisacier sont-ils sinceres? Et parle-t-il avec vérité, quand il dit, 4e. part. pag. 24 et 25, que les religieuses de Port-Royal ne prient pas les saints, et qu'elles n'ont point d'images dans leur église? Ne sont-ce pas des faussetés bien hardies, puisque le contraire paroît à la vue de tout Paris? Et parle-t-il avec discrétion, quand il déchire l'innocence de ces filles, dont la vie est si pure et si austere, quand il les appelle des « filles impénitentes, asacramen- « taires, incommuniantes, des vierges folles, « fantastiques, calaganes, désespérées, et tout « ce qu'il vous plaira, » et qu'il les noircit par tant d'autres médisances, qui ont mérité la censure de feu M. l'archevêque de Paris? Quand il calomnie des prêtres, dont les mœurs sont irréprochables, jusqu'à dire, 1re. part. p. 22 : « Qu'ils pratiquent des nouveautés dans les « confessions, pour attraper les belles et les « innocentes; et qu'il auroit horreur de rap- « porter les crimes abominables qu'ils com-

« mettent ? » N'est - ce pas une témérité insupportable d'avancer des impostures si noires, non-seulement sans preuve, mais sans la moindre ombre , et sans la moindre apparence ? Je ne m'étendrai pas davantage sur ce sujet, et je remets à vous en parler plus au long une autre fois : car j'ai à vous entretenir sur cette matiere , et ce que j'ai dit suffit pour faire voir combien vous péchez contre la vérité et la discrétion tout ensemble.

Mais on dira peut-être , que vous ne péchez pas au moins contre la derniere regle , qui oblige d'avoir le desir du salut de ceux qu'on décrie ; et qu'on ne sauroit vous en accuser sans violer le secret de votre cœur , qui n'est connu que de Dien seul. C'est une chose étrange , mes peres , qu'on ait néanmoins de quoi vous en convaincre : que votre haine contre vos adversaires ayant été jusqu'à souhaiter leur perte éternelle , votre aveuglement ait été jusqu'à découvrir un souhait si abominable : que bien loin de former en secret des desirs de leur salut , vous ayez fait en public des vœux pour leur damnation : et qu'après avoir produit ce malheureux souhait dans la ville de Caen avec le scandale de toute l'église , vous ayez osé depuis soutenir encore à Paris dans vos livres imprimés une action si diabolique. Il ne se peut rien ajouter à ces excès contre la piété : railler et parler indignement des choses les plus sacrées : calomnier les vierges et les prêtres faussement et scandaleusement : et enfin former des desirs et des vœux pour leur damnation. Je ne sais , mes peres , si vous n'êtes point confus, et comment vous avez pu avoir la pensée de m'accuser d'avoir manqué de charité , moi qui n'ai parlé qu'avec tant de vérité et de retenue , sans faire de réflexion sur les horribles violemens de la charité, que vous faites vous-mêmes par de si déplorables emportemens.

Enfin , mes peres , pour conclure par un autre reproche que vous me faites, de ce qu'entre un si grand nombre de vos maximes que je rapporte, il y en a quelques-unes qu'on vous avoit déja objectées, sur quoi vous vous plaignez de ce que « je redis contre vous ce qui « avoit été dit. » Je réponds que c'est au contraire parce que vous n'avez pas profité de ce qu'on vous l'a déja dit , que je vous le redis encore. Car quel fruit a-t-il paru de ce que de savans docteurs et l'université entiere vous en ont repris par tant de livres? Qu'ont fait vos peres Annat, Caussin, Pintereau et Le Moine, dans les réponses qu'ils y ont faites , sinon de couvrir d'injures ceux qui leur avoient donné ces avis salutaires? Avez-vous supprimé les livres où ces méchantes maximes sont enseignées? En avez-vous réprimé les auteurs? En êtes-vous devenus plus circonspects? Et n'est-ce pas depuis ce temps-là qu'Escobar a tant été imprimé de fois en France, et aux Pays Bas; et que vos peres Cellot, Bagot, Bauny, Lamy, Le Moine et les autres, ne cessent de publier tous les jours les mêmes choses, et de nouvelles encore aussi licencieuses que jamais? Ne vous plaignez donc plus, mes peres, ni de ce que je vous ai reproché des maximes que vous n'avez point quittées, ni de ce que je vous en ai objecté de nouvelles, ni de ce que j'ai ri de toutes. Vous n'avez qu'à les considérer pour y trouver votre confusion et ma défense. Qui pourra voir, sans en rire, la décision du pere Bauny, pour celui qui fait brûler une grange: celle du pere Cellot, pour la restitution: le réglement de Sanchez, en faveur des sorciers: la maniere dont Hurtado fait éviter le péché du duel, en se promenant dans un champ, et y attendant un homme: les complimens du pere Bauny, pour éviter l'usure: la maniere d'éviter la simonie par un détour d'intention, et celle d'éviter le mensonge, en parlant tantôt haut, tantôt bas; et le reste des opinions de vos docteurs les plus graves? En faut-il davantage, mes peres, pour me justifier? Et y a-t-il rien de mieux « dû à la vanité et à la foiblesse « de ces opinions, que la risée, » selon Tertullien? Mais, mes peres, la corruption des mœurs que vos maximes apportent, est digne d'une autre considération, et nous pouvons bien faire cette demande avec le même Tertullien : '« Faut-il rire de leur folie, ou déplorer « leur aveuglement? *Rideam vanitatem, an* « *exprobrem caecitatem?* » Je crois, mes peres, « qu'on peut en rire et en pleurer à son choix : « *haec tolerabilius vel ridentur, vel flentur,* » dit saint Augustin. Reconnoissez donc « qu'il y a un temps de rire et un temps de pleurer, » selon l'écriture. Et je souhaite, mes peres, que je n'éprouve pas en vous la vérité de ces paroles des proverbes : « Qu'il y a des personnes « si peu raisonnables, qu'on n'en peut avoir de « satisfaction de quelque maniere qu'on agisse « avec eux, soit qu'on rie, soit qu'on se mette « en colere. »

En achevant cette lettre, j'ai vu un écrit que vous avez publié, où vous m'accusez d'imposture sur le sujet de six de vos maximes, que j'ai rapportées, et d'intelligence avec les hérétiques : j'espere que vous y verrez une réponse exacte, et dans peu de temps, mes

peres ; ensuite de laquelle je crois que vous
n'aurez pas envie de continuer cette sorte
d'accusation.

FIN DU TOME PREMIER.

TABLE.

Première lettre. Des disputes de Sorbonne, et de l'invention du Pouvoir prochain, dont les molinistes se servirent pour faire conclure la censure de M. Arnauld.   Page 1

Seconde lettre. De la grace suffisante.   17

Réponse du Provincial aux deux premieres lettres de son ami.   34

Troisieme lettre, pour servir de réponse à la précédente. Injustice, absurdité et nullité de la censure de M. Arnauld.   37

Quatrieme lettre. De la grace actuelle toujours présente, et des péchés d'ignorance.   51

Cinquieme lettre. Dessein des jésuites en établissant une nouvelle morale. Deux sortes de casuistes parmi eux : beaucoup de relâchés, et quelques-uns de séveres : raison de cette différence. Explication de la doctrine de la Probabilité. Foule d'auteurs mo-dernes et inconnus mis à la place des SS. peres.   73

Sixieme lettre. Différens artifices des jésuites pour éluder l'autorité de l'évangile, des conciles et des papes. Quelques conséquences qui suivent de leur doctrine sur la Probabilité. Leurs relâchemens en faveur des bénéficiers, des prêtres, des religieux et des domestiques. Histoire de Jean d'Alba.   97

Septieme lettre. De la méthode de diriger l'intention selon les casuistes. De la permission qu'ils donnent de tuer pour la défense de l'honneur et des

biens, et qu'ils étendent jusqu'aux prêtres et aux religieux. Question curieuse proposée par Caramuel,
savoir s'il est permis aux jésuites de tuer les jansénistes.   Page 121

HUITIEME LETTRE. Maximes corrompues des casuistes touchant les juges, les usuriers, le contrat Mohatra, les banqueroutiers, les restitutions, etc. Diverses extravagances des mêmes casuistes.   147

NEUVIEME LETTRE. De la fausse dévotion à la sainte
Vierge que les jésuites ont introduite. Diverses facilités qu'ils ont inventées pour se sauver sans peine,
et parmi les douceurs et les commodités de la vie.
Leurs maximes sur l'ambition, l'envie, la gourmandise, les équivoques, les restrictions mentales, les
libertés qui sont permises aux filles, les habits des
femmes, le jeu, le précepte d'entendre la messe. 173

DIXIEME LETTRE. Adoucissemens que les jésuites ont
apportés au sacrement de pénitence, par leurs maximes touchant la confession, la satisfaction, l'absolution, les occasions prochaines de pécher, la contrition et l'amour de Dieu.   198

ONZIEME LETTRE, écrite aux révérends peres jésuites.
Qu'on peut réfuter par des railleries les erreurs ridicules. Précautions avec lesquelles on le doit faire;
qu'elles ont été observées par Montalte, et qu'elles
ne l'ont point été par les jésuites. Bouffonneries impies du pere Le Moine et du pere Garasse.

Fin de la table du tome premier.